# TAIVAS

## I

Ja siinä [Uudessa Jerusalemissa] oli Jumalan kirkkaus;
sen hohto on kaikkein kalleimman kiven kaltainen niinkuin
kristallinkirkas jaspis-kivi.
(Ilmestyskirja 21:11)

# TAIVAS

## I

*Kristallinkirkas ja Kaunis*

## DR. JAEROCK LEE

URIM BOOKS

**TAIVAS I**: Kristallinkirkas ja Kaunis
Englanninkielinen alkuteos
HEAVEN I: AS CLEAR AND BEAUTIFUL AS CRYSTAL by Dr.
Jaerock Lee

Julkaisija Urim Books (Edustaja: Seongnam Vin)
235-3, Guro-dong 3, Guro-gu, Seoul, Korea
www.urimbooks.com

Julkaistu aikaisemmin koreaksi 2002, Urim Books, Seoul, Korea

Ensimmäinen painos kesä/heinäkuu 2010

Toimittanut: Geumsun Vin
Kääntäjä: Petri Suila
Suunnittelu: Editorial Bureau of Urim Books
Painaja: Yewon Printing Company
Lisätietoja varten ota yhteyttä: urimbook@hotmail.com

# ALKUSANAT

*Rakkauden Jumala ei pelkästään johda jokaista uskovaa pelastuksen tielle vaan Hän myös paljastaa taivaan salaisuudet.*

Vähintään kerran elämässään jokainen luultavasti esittää kysymyksiä kuten "Mihin minä menen tässä maailmalla elämisen jälkeen?" tai "Ovatko taivas ja helvetti oikeasti olemassa?"

Monet kuolevat ennen kuin he ehtivät löytää vastauksia tällaisiin kysymyksiin. Vaikka he saattaisivatkin uskoa kuolemanjälkeiseen elämään eivät kaikki pääse taivaaseen, sillä kaikki eivät omaa oikeanlaista tietoa. Taivas ja helvetti eivät ole fantasiaa, vaan hengellisen maailman todellisuutta.

Toisaalta taivas on niin kaunis paikka ettei sitä voida verrata mihinkään tässä maailmassa olevaan. Erityisesti Uudessa Jerusalemissa, missä Jumalan Valtaistuin sijaitsee, vallitsevaa kauneutta ja onnellisuutta ei voida kuvailla kunnolla, sillä tämä kaupunki on valmistettu parhaista materiaaleista ja taivaallisilla taidoilla.

Toisaalta taas helvetti on täynnä loputonta, traagista kipua ja ikuista rangaistusta; sen hirveä todellisuus on kuvailtu yksityiskohtaisesti kirjassa Helvetti. Taivas ja helvetti tulivat tunnetuiksi Jeesuksen ja Apostolien kautta, ja jopa tänään ne paljastetaan yksityiskohtia myöten Jumalan ihmisten kautta jotka omaavat vilpittömän uskon Häntä kohtaan.

Taivas on paikka jossa Jumalan lapset nauttivat ikuisesta elämästä, ja sinne on valmistettu uskomattomia, kauniita ja ihmeellisiä asioita heitä varten. Joten sinä tiedät siitä yksityiskohtia vain silloin kun Jumala sen sallii ja näyttää ne sinulla.

Minä rukoilin ja paastosin jatkuvasti seitsemän vuoden ajan saadakseni tietää tästä taivaasta ja minä aloin saada Jumalalta vastauksia. Nyt Jumala paljastaa minulle lisää hengellisen maailman syvempiä salaisuuksia.

Taivaan kuvaileminen on hyvin vaikeaa tämän maailman kielen ja tietojen avulla sillä se ei voi paljain silmin nähtävä asia. Tämä saattaa johtaa väärinymmärryksiin, ja tämä on syy siihen että apostoli Paavali ei voinut kertoa yksityiskohtia näyssään näkemästään Kolmannen Taivaan Paratiisista.

Jumala opetti minulle useita salaisuuksia taivaasta, ja usean kuukauden ajan minä saarnasin uskon määrän mukaisesta onnellisesta elämästä taivaassa ja sen useista sijoista ja palkkioista. En kuitenkaan voinut saarnata kaikesta siitä mitä olin oppinut. Syy siihen, että Jumala sallii minun tehdä hengellisen maailman salaisuudet tunnetuiksi tämän kirjan kautta on mahdollisimman monen sielun pelastaminen ja johdattaminen kristallinkirkkaaseen ja kauniiseen taivaaseen.

Minä annan kaiken kiitoksen ja kunnian Jumalalle sen johdosta, että Hän salli minun kirjoittaa kirjan Taivas I: Kristallinkirkas ja Kaunis joka on kuvaus paikasta joka on yhtä kaunis ja kirkas kuin kristalli ja täynnä Jumalan kunniaa. Minä toivon että sinä löydät Jumalan suuren rakkauden joka paljastaa sinulle taivaan salaisuudet ja johdattaa kaikki ihmiset pelastuksen tielle jotta sinäkin saisit sen omaksesi. Minä toivon myös että sinä kiiruhtaisit kohti ikuisen elämän maalia Uudessa Jerusalemissa.

Kiitän Geumsun Viniä, Kustannustoimituksen johtajaa ja hänen työntekijöitään sekä Käännöstoimistoa heidän kovasta työstään tämän kirjan julkaisemiseksi. Minä rukoilen Herran nimessä, että useat sielut pelastuisivat tämän kirjan kautta ja että he saisivat nauttia ikuisesta elämästä Uudessa Jerusalemissa.

*Jaerock Lee*

#  ESIPUHE

*Toivoen, että jokainen teistä löytäisi Jumalan kärsivällisen rakkauden, saavuttaisi täyden hengen ja kiiruhtaisi kohti Uutta Jerusalemia.*

Minä annan kaiken kiitoksen ja kunnian Jumalalle joka on Helvetti-kirjan ja kaksioisaisen Taivas-kirjan julkaisemisen avulla johdattanut lukemattomia ihmisiä tietämään todellisia asioita hengellisestä maailmasta ja kiiruhtamaan kohti maalia taivaasta unelmoiden.

Tämä kirja muodostuu kymmenestä luvusta ja se kertoo sinulle taivaan elämästä, sen kauneudesta ja sen eri asuisijoista, sekä palkkioista jotka jaetaan uskon määrän mukaisesti. Tämän Jumala on paljastanut Pastori Dr. Jaerock Leelle Pyhän Hengen avulla.

Luku 1 "Taivas: Kristallinkirkas ja Kaunis" kuvailee taivaan ikuisen onnellisuuden. Tämän se tekee keskittymällä niihin ulkoisiin piirteisiin jotka vallitsevat taivaassa, jossa auringon tai kuun paisteelle ei ole tarvetta.

Luku 2 "Eedenin Puutarha ja Taivaan Odotuspaikka" selittää Eedenin Puutarhan sijainnin ja sen tunnusmerkit jotta sinä voisit paremmin ymmärtää taivasta. Tämä luku kertoo myös Jumalan suunnitelmista ja johdatuksesta hyvän ja pahan tiedon puun sekä ihmisten hengellisen kasvatuksen suhteen. Lisäksi se kertoo Odotuspaikasta jossa pelastuneet ihmiset odottavat Tuomion päivää, sekä siitä minkälaista elämä tässä paikassa on. Se myös kertoo minkälaiset ihmiset saavat astua suoraan Uuteen Jerusalemiin joutumatta ensin odottamaan Odotuspaikassa.

Luku 3 "Seitsenvuotinen Hääjuhla" selittää Jeesuksen Kristuksen Toisen tulemisen, suuren Seitsemänvuotisen ahdistuksen, Herran palaamisen maanpäälle, Vuosituhannen, sekä senjälkeisen ikuisen elämän.

Luku 4 "Luomisesta Lähtien Kätketyt Taivaan Salaisuudet" kattaa Jeesuksen sananlaskujen kautta paljastuneet taivaan salaisuudet, ja se kertoo kuinka saavuttaa useita asuinsijoja käsittävä taivas.

Luku 5 "Kuinka Me Tulemme Elämään Taivaassa?" selittää taivaallisen kehon korkeuden, painon ja ihonvärin, ja se kertoo kuinka me tulemme elämään. Lukuisilla esimerkeillä taivaan iloisesta elämästä tämä luku kehottaa sinua etenemään voimallisesti kohti taivasta siitä suuresti unelmoiden.

Luku 6 "Paratiisi" selittää Paratiisin, joka on taivaan alin taso mutta silti paljon kauniimpi ja onnellisempi paikka kuin tämä maailma. Se myös kuvaa ihmiset jotka tulevat astumaan Paratiisiin.

Luku 7 "Taivaan Ensimmäinen Kuningaskunta" käy läpi Ensimmäisen Kuningaskunnan elämän ja sen palkkiot. Tänne astuvat ne jotka hyväksyivät Jeesuksen Kristuksen ja yrittivät elää Jumalan Sanan mukaisesti.

Luku 8 "Taivaan Toinen Kuningaskunta" kertoo elämästä siellä ja palkkioista jotka tulevat ihmisten osaksi Toisessa Kuningaskunnassa johon astuvat ne jotka eivät saavuttaneet pyhitystä kokonaan, mutta jotka täyttivät velvollisuutensa. Tämä luku painottaa myös kuuliaisuuden tärkeyttä ja velvollisuuksien täyttämistä.

Luku 9 "Taivaan Kolmas Kuningaskunta" Käy läpi Kolmannen Kuningaskunnan kauneuden ja kunnian jota ei voida edes verrata Toiseen Kuningaskuntaan. Kolmas Kuningaskunta on vain niille jotka heittivät pois kaikki syntinsä – jopa luonteensa synnit – omin voiminensa ja Pyhän Hengen avustuksella. Tämä luku selittää sen rakkauden, joka kuuluu Jumalalle joka sallii koettelemukset ja vaikeudet.

Lopulta luku 10 "Uusi Jerusalem" esittelee meille Uuden Jerusalemin, kaikista kauneimman ja kunniakkaimman paikan taivaassa jossa Jumalan Valtaistuin sijaitsee. Tämä luku kuvailee ne ihmiset jotka saavat astua Uuteen Jerusalemiin. Luku päättyy antamalla lukijoille toivoa kahden Uuteen Jerusalemiin astuneen ihmisen talon esimerkin avulla.

Jumala on valmistanut rakkaille lapsilleen taivaan joka on yhtä kirkas ja kaunis kuin kristalli. Hän tahtoo mahdollisimman monen ihmisen pelastuvan, ja Hän odottaa saavansa nähdä kuinka Hänen lapsensa astuvat Uuteen Jerusalemiin.

Minä toivon Herramme nimessä, että kaikki *Taivas I: Kristallinkirkas ja Kaunis*-kirjan lukijat löytäisivät Jumalan suuren rakkauden, että he saavuttaisivat täyden hengen ja Herran sydämen, ja että he kiiruhtaisivat täysin voimin kohti Uutta Jerusalemia.

*Geumsun Vin*
Käännöstoimiston päätoimittaja

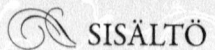 SISÄLTÖ

Alkusanat

Esipuhe

# Luku 1

## Taivas:
## Kristallinkirkas ja Kaunis

*Ja hän näytti minulle elämän veden virran, joka kirkkaana kuin kristalli juoksi Jumalan ja Karitsan valtaistuimesta. Keskellä sen katua ja virran molemmilla puolilla oli elämän puu, joka kantoi kahdettoista hedelmät, antaen joka kuukausi hedelmänsä, ja puun lehdet ovat kansojen tervehtymiseksi. Eikä mitään kirousta ole enää oleva. Ja Jumalan ja Karitsan valtaistuin on siellä oleva, ja hänen palvelijansa palvelevat häntä ja näkevät hänen kasvonsa, ja hänen nimensä on heidän otsissansa. Eikä yötä ole enää oleva, eivätkä he tarvitse lampun valoa eikä auringon valoa, sillä Herra Jumala on valaiseva heitä, ja he hallitsevat aina ja iänkaikkisesti.*

*- Ilmestyskirja 22:1-5*

Monet ihmiset ihmettelevät kysyen: "Sanotaan että me voimme elää taivaassa onnellista elämää ikuisesti – minkälainen paikka tämä taivas on?" Kuunnellessasi taivaassa käyneiden ihmisten todistuksia sinä huomaat että useimmat heistä kävivät pitkän tunnelin lävitse sinne päästäkseen. Tämä johtui siitä että taivas sijaitsee hengellisessa maailmassa joka on hyvin erilainen tähän meidän asuttamaamme maailmaan verrattuna.

Ne, jotka elävät tässä kolmiulotteisessa maailmassa eivät tunne taivasta yksityiskohtaisesti. Sinä voit tietää tästä kolmiulotteisen maailman yläpuolella sijaitsevasta ihmeellisestä maailmasta vain silloin kun Jumala kertoo siitä sinulle, tai kun sinun hengelliset silmäsi avataan. Omatessasi yksityiskohtaista tietoa tästä hengellisestä maailmasta sinun sielusi ei ole vain onnellinen vaan myös sinun uskosi kasvaa nopeasti ja sinä tulet Jumalan rakastamaksi. Jeesus kertoi sinulle vertauskuviensa avulla useita salaisuuksia taivaasta ja apostoli Johannes puhuu taivaasta yksityiskohtaisesti *Ilmestyskirjassa.*

Minkälainen paikka taivas sitten on ja miten ihmiset tulevat elämään siellä? Sinä saat pikaisen kuvauksen taivaasta joka on yhtä kirkas ja kaunis kuin kristalli, ja jonka Jumala on valmistanut voidakseen jakaa Hänen rakkautensa Hänen lastensa kanssa ikuisesti.

## Uusi Taivas ja Uusi Maa

Jumalan luoma ensimmäinen taivas ja ensimmäinen maa olivat yhtä kirkkaita ja kauniita kuin kristalli, mutta ne joutuivat kirotuiksi Aatamin, ensimmäisen ihmisen, tottelemattomuuden tähden. Lisäksi nopeasti etenevä ja laajeneva teollistuminen sekä tieteen ja teknologian kehittyminen ovat saastuttaneen maata, ja nykyään yhä useammat ihmiset kuuluttavat ympäristön suojelemisen puolesta.

Tämän tähden Jumala tulee asettamaan ensimmäisen taivaan ja maan sivuun kun oikea hetki koittaa, ja Hän tulee paljastamaan uuden taivaan ja uuden maan. Vaikka tästä maailmasta onkin tullut saastunut ja mätä, se on silti vielä tarpeellinen Jumalan todellisten lasten kasvattamiseksi jotka saavat ja myös tulevat astumaan taivaaseen.

Alussa Jumala loi taivaan ja maan ja sitten ihmisen, ja Hän johdatti ihmisen Eedenin Puutarhaan. Hän antoi tälle täyden vapauden ja yltäkylläisyyden, sallien hänen tehdä mitä tahansa paitsi syödä hyvän- ja pahantiedon puusta. Ihminen kuitenkin rikkoi sitä ainoaa asiaa jonka Jumala oli kieltänyt ja tämän johdosta hänet ajettiin tähän maailmaan, ensimmäiseen maahan ja taivaaseen.

Koska kaikkivaltias Jumala oli tiennyt että ihmiskunta kävisi kuolemaa kohti Hän oli valmistanut Jeesuksen Kristuksen jopa ennen ajan alkua, ja Hän lähetti Jeesuksen alas tähän maailmaan oikean hetken koittaessa.

Joten kuka tahansa ottaa vastaan ristiinnaulitun ja kuolleista nousseen Jeesuksen Kristuksen, hän tulee muuttumaan uudelleen luoduksi sekä astumaan uuteen taivaaseen ja maahan sekä elämään ikuisen elämän.

## Uuden Taivaan Sinisyys on Kristallinkirkasta

Jumalan valmistama uusi taivas on täynnä puhdasta ilmaa jotta se olisi todella kirkas, puhdas ja koskematon toisin kuin tämän maailman ilma. Kuvittele mielessäsi puhdas ja korkea

3

taivas valkoisine pilvineen. Kuinka ihmellinen ja ihana se olisikaan!

Miksi Jumala sitten tekee tästä uudesta taivaasta sinisen? Hengellisesti puhuen, sininen väri saa sinut tuntemaan syvyyden, korkeuden ja puhtauden. Vesi on yhtä puhdas kuin se on sininen. Katsoessasi sinistä taivasta sinä tunnet kuinka sydämesi virkistyy. Jumala teki tämän maailman taivaasta sinisen, sillä Hän teki sinun sydämestäsi puhtaan ja antoi sinulle sydämen jotta sinä voisit etsiä Luojaa. Jos sinä voit tunnustaa puhtaan kirkasta taivasta katsoessasi: "Minun Luojani täytyy olla tuolla. Hän teki kaikesta niin kaunista", sinun sydämesi puhdistuu ja sinä olet pakotettu elämään hyvän elämän.

Mitä jos koko taivas olisi keltainen? Sen sijaan että ihmiset tuntisivat olonsa mukavaksi he olisivat rauhattomia ja jotkut saattaisivat jopa kärsiä mielenterveysongelmista. Ihmisten mieliä voidaan muuttaa, virkistää tai hämmentää värien avulla. Tämän tähden Jumala teki uuden maailman taivaasta sinisen ja sijoitti sinne puhtaanvalkoisia pilviä jotta Hänen lapsensa voisivat elää onnellisina, omaten sydämet jotka yhtä kirkkaita ja puhtaita kuin kristalli.

## Taivaan Uusi Maa on Valmistettu Puhtaasta Kullasta ja Jalokivistä

Minkälainen taivaassa oleva uusi maa on sitten oleva? Taivaan uudessa maassa, mistä Jumala on tehnyt yhtä puhtaan ja kirkkaan kuin kristallin, ei ole pölyä tai multaa. Uusi maa on valmistettu pelkästään puhtaasta kullasta ja jalokivistä. Kuinka kiehtovaa olisikaan olla taivaassa jossa on puhtaasta kullasta ja jalokivistä valmistettuja, säihkyviä teitä!

Tämä maa koostuu mullasta ja muusta maaperästä joka voi vaihtua ajan mittaan. Tämä muutos kertoo sinulle merkityksettömyydestä ja kuolemasta. Jumala sallii kaikkien maaperän kasvien kasvaa, kantaa hedelmää ja menehtyä jotta sinä saattaisit ymmärtää että elämällä on loppunsa tässä maailmassa.

Taivas on tehty puhtaasta kullasta ja jalokivistä jotka ovat molemmat muuttumattomia sillä taivas on todellinen ja ikuinen maailma. Kuten kasvit kasvavat tässä maailmassa, niin ne myös kasvavat taivaassa niiden tultua istutetuiksi. Siellä ne eivät kuitenkaan koskaan kuole tai kuihdu niinkuin tämän maailman kasvit.

Lisäksi myös kukkulat ja linnat ovat valmistettu puhtaasta kullasta ja jalokivistä. Kuinka säihkyviä ja kauniita ne tulevatkaan olemaan! Sinun tulisi omata vilpitöntä uskoa jottet menettäisi tämän kauneuden näkemistä ja sitä taivaan onnellisuutta, jonka kuvaaminen on mahdotonta minkään sanojen avulla.

## Ensimmäisen Taivaan ja Ensimmäisen Maan Katoaminen

Mitä ensimmäiselle maalle ja ensimmäiselle taivaalle sitten tapahtuu kun tämä kaunis uusi taivas ja maa ilmestyvät

*Ja minä näin suuren, valkean valtaistuimen ja sillä istuvaisen, jonka kasvoja maa ja taivas pakenivat, eikä niille sijaa löytynyt (Ilmestyskirja 20:11)*

5

*Ja minä näin uuden taivaan ja uuden maan;
sillä ensimmäinen taivas ja ensimmäinen maa ovat
kadonneet, eikä merta enää ole (Ilmestyskirja 21:1)*

Kun tämän maan päällä kasvaneita ihmisiä tuomitaan hyvän ja pahan perusteella, ensimmäinen taivas ja ensimmäinen maa tulevat siirtymään. Tämä tarkoittaa sitä että että ne eivät katoa kokonaan vaan ne siirretään toiseen paikkaan.

Miksi Jumala sitten siirtää ensimmäisen maan ja taivaan sen sijaan että Hän hankkiutuisi niistä kokonaan eroon? Tämä johtuu siitä että Hänen taivaassa elävät lapsensa tulisivat kaipaamaan ensimmäistä taivasta ja maata jos Hän poistaisi ne kokonaan. Vaikka he olisivatkin kokeneet surua ja vaikeuksia ensimmäisen maan päällä ja ensimmäisen taivaan alla he silti kaipaisivat niitä joskus sillä ne olivat kerran olleet heidän kotinsa. Tästä rakkaudesta tietoinen Jumala siirtää nämä toiseen paikkaan maailmankaikkeudessa eikä Hän hankkiudu niistä kokonaan eroon.

Maailmankaikkeus jossa sinä elät on ääretön maailma mutta tämän lisäksi on olemassa myös useita muita maailmankaikkeuksia. Joten Jumala tulee siirtämään ensimmäisen taivaan ja ensimmäisen maan johonkin maailmankaikkeuden nurkkaan, ja Hän sallii lastensa vierailla niiden luona tahtonsa mukaan.

## Ei kyyneliä, Surua, Kuolemaa tai Sairauksia

Uudessa taivaassa ja uudessa maassa jossa Jumalan lapset

jotka tulevat pelastumaan uskon avulla asuvat, ei ole enää mitään
kirouksia, ja ne ovat täynnä onnellisuutta. Ilmestyskirjassa 21:3-
4 sinulle kerrotaan että taivaassa ei ole kyyneliä, surua, kuolemaa,
suremista tai sairauksia, sillä Jumala on siellä.

*Ja minä kuulin suuren äänen valtaistuimelta sanovan:*
*"Katso, Jumalan maja ihmisten keskellä! Ja hän on*
*asuva heidän keskellänsä, ja he ovat hänen kanssansa,*
*ja Jumala itse on oleva heidän kanssaan, heidän*
*Jumalansa; ja hän on pyyhkivä pois kaikki kyyneleet*
*heidän silmistänsä, eikä kuolemaa ole enää oleva, eikä*
*murhetta eikä parkua eikä kipua ole enää oleva, sillä*
*kaikki entinen on mennyt."*

Kuinka surullista olisikaan jos sinä olisit nääntymässä nälkään
ja jopa sinun lapsesi itkisivät nälkäänsä? Mitä se hyödyttäisi jos
joku tulisi ja sanoisi: "Sinä olet niin nälkäinen että silmistäsi
valuu kyyneleitä" ja pyyhkisi sitten kyyneleesi mutta ei antaisi
sinulle mitään? Mikä olisi tämän todellinen hyöty? Hänen tulisi
antaa sinulle jotain syötävää jotter sinä ja lapsesi kuolisi nälkään.
Vasta tämän jälkeen sinun ja lastesi kyyneleet lakkaisivat.

Kun tämän mukaisesti sanotaan että Jumala pyyhkii kyyneleet
sinun silmistäsi, se tarkoittaa että sinulla ei ole mitään huolia tai
murheita jos sinä pelastut ja pääset taivaaseen, sillä siellä ei ole
kyyneleitä, surua, kuolemaa, murhetta tai sairauksia.

Toisaalta sinun pitää elää jonkinlaisen surun kanssa tässä
maailmassa uskoit sinä sitten Jumalaan tai et. Maalliset ihmiset
murehtivat kovasti jokaisen pienen menetyksen johdosta kun

taas uskovat toisaalta murehtivat rakkaudella ja armolla niiden tähden jotka eivät ole tulleet vielä pelastetuiksi.

Päästyäsi taivaaseen sinun ei kuitenkaan tarvitse murehtia kuolemasta tai siitä, että toiset ihmiset tekevät syntiä ja katoavat ikuiseen kuolemaan. Sinun ei tarvitse kärsiä synneistä joten minkäänlaista murhetta ei voi olla olemassa.

Tässä maassa eläessäsi sinä vaikerrat ollessasi surullinen. Taivaassa ei kuitenkaan ole tarvetta vaikeroimiseen sillä siellä ei ole mitään sairauksia tai huolia. Siellä on vain ikuista onnellisuutta.

## Elämän Veden Virta

Elämän Veden Virta virtaa taivaassa kristallinkirkkaana keskellä suurta katua. Ilmestyskirja 22:1-2 kertoo Elämän Veden Virrasta, ja sinun täytyy tulla iloiseksi pelkästään sen ajattelemisesta.

*Ja hän näytti minulle elämän veden virran, joka kirkkaana kuin kristalli juoksi Jumalan ja Karitsan valtaistuimesta. Keskellä sen katua ja virran molemmilla puolilla oli elämän puu, joka kantoi kahdettoista hedelmät, antaen joka kuukaisi hedelmänsä, ja puun lehdet ovat kansojen tervehdyttämiseksi.*

Olen kerran uinut Tyynen valtameren erittäin kirkkaissa vesissä. Tämä vesi oli niin kirkasta että saatoin nähdä kaloja ja kasveja jotka siinä asuivat. Tämä oli niin kaunista että olin hyvin onnellinen että sain olla siinä. Jopa tässä maailmassa sinä voit tuntea kuinka sinun sydämesi virkistyy ja puhdistuu sinun katsoessasi kirkasta vettä. Kuinka paljon onnellisempi sinä olisitkaan taivaassa jossa Elämän Veden Virta juoksee kristallinkirkkaana keskellä katua!

## Elämän Veden Virta

Jopa tässä maailmassa auringonsäteet heijastuvat laineista kauniisti loistaen kun sinä katsot puhdasta merta. Taivaassa Elämän Veden Virta näyttää kaukaa katsottuna siniseltä, mutta jos katsot sitä lähempää se on niin kirkas, kaunis, tahraton ja koskematon että sinä voit ilmaista sen sanomalla "kristallinkirkas."

Miksi tämä Elämän Veden Virta sitten juoksee Jumalan ja Karitsan valtaistuimelta? Hengellisesti puhuen vesi viittaa Jumalan sanaan, mikä on elämän ruoka, ja sinä saavutat ikuisen elämän Jeesuksen sanan kautta. Jeesus sanoo Joh 4:14:ssa: *"Mutta joka juo sitä vettä, jota minä hänelle annan, se ei ikinä janoa; vaan se vesi, jonka minä hänelle annan, tulee hänessä sen veden lähteeksi, joka kumpuaa iankaikkiseen elämään."* Jumalan sana on Ikuisen Elämän Vesi joka antaa sinulle elämän, ja tämän tähden Elämän Veden Virta kumpuaa Jumalan ja Karitsan valtaistuimelta.

Miltä Elämän Vesi sitten maistuu? Se on jotain niin suloista ettet voi kokea sellaista tässä maailmassa, ja juotuasi sitä sinä virkistyt heti samantien. Jumala antoi Elämän Veden ihmisille mutta Aatamin Lankeamuksen jälkeen tämän maailman vesi kirottiin kaiken muun mukana. Tämän jälkeen ihmiset eivät ole voineet maistaa Elämän Vettä tämän maan päällä, vaan sinä saat maistaa sitä vasta taivaaseen päästyäsi. Vesi jota ihmiset juovat tässä maailmassa on saastunutta, ja veden sijaan he kääntyvätkin keinotekoisten juomien kuten virkistysjuomien puoleen. Tämän maailman vesi ei voi koskaan antaa ikuista elämää, mutta taivaan Elämän Vesi, Jumalan sana, antaa ikuisen elämän. Se on hunajaa ja mettä suloisempaa, ja se antaa hengellesi voimia.

### Virta Virtaa Taivaan Ympäri

Jumalan ja Karitsan Valtaistuimelta virtaava Elämän Veden Virta on kuin veri, joka ylläpitää elämää kiertämällä kehoa. Virta kiertää koko taivaan ympäri virraten suuren kadun keskellä, palaten sitten Jumalan Valtaistuimelle. Miksi tämä Elämän Veden Virta sitten kiertää koko taivaan ympäri virraten keskellä katua?

Ensinnäkin, tämä Elämän Veden Virta on helpoin tapa Jumalan Valtaistuimelle. Joten päästäksesi Uuteen Jerusalemiin jossa Jumalan Valtaistuin sijaitsee sinun tulee vain seurata puhtaasta kullasta valmistettua tietä joka seuraa virtaa sen molemmin puolin.

Toisekseen, tie taivaaseen käy Jumalan sanan kautta, ja sinä voit astua taivaaseen vain kun sinä seuraat tätä Jumalan sanan tietä. Kuten Jeesus sanoo Joh 14:6:ssa, *"Minä olen tie ja totuus ja elämä; ei kukaan tule Isän tykö muutoin kuin minun kauttani"*, tie taivaaseen käy Jumalan sanan totuuden kautta.

Sinä voit astua taivaaseen missä Jumalan sana, Elämän Veden Virta, virtaa kun sinä elät Jumalan sanan mukaisesti.

Jumala myös suunnitteli taivaan niin, että sinä löydät Uuteen Jerusalemiin jossa Hänen Valtaistuimensa sijaitsee seuraamalla Elämän Veden Virtaa.

## Joenpenkereen Kultainen ja Hopeinen Hiekka

Mitä Elämän Veden Virran tuolla puolella sitten on? Ensin sinä huomaat kultaisen ja hopeisen hiekan joka levittäytyy kaukaisuuteen saakka. Taivaassa hiekka on pyöreää ja pehmeää niin että se ei tartu sinun vaatteisiisi vaikka sinä siinä pyörisitkin.

Siellä on myös useita mukavia penkkejä jotka on koristeltu kullalla ja jalokivillä. Kauniit enkelit palvelevat sinua kun sinä istut näillä penkeillä rakkaiden ystäviesi kanssa keskustellen.

Tässä maailmassa ollessasi sinä ihailet enkeleitä mutta taivaassa enkelit kutsuvat sinua "herraksi" ja palvelevat sinua tahtosi mukaan. Halutessasi hedelmiä enkeli tuo ne sinulle jalokivin tai kukin koristellussa korissa ojentaen tämän korin sinulle samantien.

Lisäksi useanväriset kukat kasvavat molemmin puolin Elämän Veden Virtaa ja siellä on myös lintuja, hyönteisiä ja eläimiä. Ne myös palvelevat sinua ja sinä voit jakaa rakkautesi niiden kanssa. Kuinka ihmeellinen ja kaunis tämä taivas onkaan Elämän Veden Virran kanssa!

## Elämän Puu Molemminpuolin Virtaa

Ilmestyskirja 22:1-2 puhuu yksityiskohtaisesti Elämän Veden Virran molemminpuolin kasvavasta elämän puusta.

*Ja hän näytti minulle elämän veden virran, joka kirkkaana kuin kristalli juoksi Jumalan ja Karitsan valtaistuimesta. Keskellä sen katua ja virran molemmilla puolilla oli elämän puu, joka kantoi kahdettoista hedelmät, antaen joka kuukausi hedelmänsä, ja puun lehdet ovat kansojen tervehdyttämiseksi.*

Miksi Jumala on sitten sijoittanut kaksitoista satoa kantavan elämän puun molemmille puolille jokea? Ensinnäkin Jumala tahtoi kaikkien Hänen taivaaseen astuvien lastensa kokevan taivaan elämän ja kauneuden. Hän tahtoi myös muistuttaa heitä siitä että he kantavat Pyhän Hengen hedelmää heidän noudattaessaan Jumalan sanaa, samalla tavalla kuin he saattavat syödä raadantansa hedelmiä.

Sinun täytyy ymmärtää jotakin tässä kohtaa. Kahdentoista sadon kantaminen ei tarkoita sitä että yksi puu kantaa kaksitoista satoa, vaan että kaksitoista eri elämän puuta kantaa jokainen yhden sadon. Voit lukea Raamatusta kuinka Israelin kaksitoista heimoa muodostettiin Jaakobin kahdentoista pojan kautta, ja näiden kahdentoista heimon kautta muodostettiin Israelin valtio ja kristinuskon hyväksyneitä valtioita on nostettu joka puolelle maailmaa. Jopa Jeesus valitsi kaksitoista opetuslasta, ja heidän ja heidän oppilaidensa kautta evankeliumia on saarnattu ja levitetty kaikkille kansoille.

Joten elämän puun kaksitoista satoa symboloivat sitä, että kuka tahansa ja mistä tahansa maasta tuleva henkilö voi kantaa Pyhän Hengen hedelmää ja astua taivaaseen jos hän seuraa uskoa. Syötyäsi elämän puun kaunista ja värikästä hedelmää sinä tunnet olosi virkistyneeksi ja onnellisemmaksi. Lisäksi nämä hedelmät eivät koskaan katoa, sillä kun yksi hedelmä poimitaan, toinen korvaa sen saman tien. Elämän puun lehdet ovat tummanvihreitä ja kiiltäviä, ja ne pysyvät tällaisina ikuisesti sillä ne eivät putoa eivätkä tule syödyiksi. Nämä vihreät ja kiiltävät lehdet ovat suurempia kuin tämän maailman puiden lehdet ja ne kasvavat hyvässä järjestyksessä.

## Jumalan ja Karitsan Valtaistuin

Ilmestyskirja 22:3-5 kuvailee kuinka Jumalan ja Karitsan Valtaistuin sijaitsee keskellä taivasta:

*Eikä mitään kirousta ole enää oleva. Ja Jumalan ja Karitsan valtaistuin on siellä oleva, ja hänen palvelijansa palvelevat häntä ja näkevät hänen kasvonsa, ja hänen nimensä on heidän otsissansa. Eikä yötä ole enää oleva, eivätkä he tarvitse lampun valoa eikä auringon valoa, sillä Herra Jumala on valaiseva heitä, ja he hallitsevat aina ja iankaikkisesti.*

## Valtaistuin On Keskellä Taivasta

Taivas on ikuinen paikka jossa Jumala hallitsee rakkaudella ja oikeudenmukaisuudella. Keskellä taivasta sijaitsevassa Uudessa Jerusalemissa on Jumalan ja Karitsan Valtaistuin. Karitsalla viitataan tässä Jeesukseen Kristukseen (Exodus 12:5; Joh. 1:29; Piet. 1:19).

Kaikki eivät saa astua paikkaan jossa Jumala yleensä oleskelee. Tämä paikka sijaitsee eri ulottuvuudessa kuin Uusi Jerusalem. Tässä paikassa sijaitseva Jumalan Valtaistuin on paljon kauniimpi ja kirkkaampi kuin Uudessa Jerusalemissa sijaitseva istuin.

Jumalan Valtaistuin Uudessa Jerusalemissa on se paikka minne Hän itse tulee alas juhlien aikana tai Hänen lastensa palvoessa Häntä. Ilmestyskirja 4:2-3 kuvaa kuinka Jumala istuu Valtaistuimellaan:

> *Ja kohta minä olin hengessä. Ja katso, taivaassa oli valtaistuin, ja valtaistuimella oli istuja. Ja istuja oli näöltänsä jaspis- ja sardionkiven kaltainen; ja valtaistuimen ympärillä oli taivaankaari, näöltänsä smaragdin kaltainen.*

Valtaistuimen ympärillä istuu kaksikymmentäneljä valkoisiin vaatteisiin puettua vanhinta jotka kantavat päässään kultaista kruunua. Valtaistuimen edessä ovat Jumalan Seitsemän Henkeä sekä kristallinkirkas lasimeri. Valtaistuimen keskellä ja sen ympärillä on neljä elävää olentoa sekä monia taivaallisia isäntiä ja enkeleitä.

Jumalan Valtaistuin on myös valon peitossa. Se on niin kaunis, ihmeellinen, majesteettinen, arvokas ja valtava ettei ihminen voi sitä edes ymmärtää. Jumalan Valtaistuimen oikealla puolella on myös Karitsan, meidän Jeesuksemme Kristuksemme, Valtaistuin. Se on selvästi erillään Jumalan Valtaistuimesta mutta Kolmiyhteisellä Jumalalla – Isällä, Pojalla ja Pyhällä Hengellä – on sama sydän, samat luonteenpiirteet sekä sama valta.

Lisää yksityiskohtia Jumalan Valtaistuimesta selitetään *Taivaan toisessa kirjassa nimeltään "Täynnä Jumalan Kirkkautta."*

### Ei Yötä eikä Päivää

Jumala hallitsee Valtaistuimeltaan käsin taivasta ja maailmankaikkeutta rakkaudella ja oikeudenmukaisuudella, ja tämä Valtaistuin loistaa pyhyydestä ja kirkkauden kauniista valosta. Valtaistuin sijaitsee keskellä taivasta ja tämä vierellä sijaitsee Karitsan Valtaistuin joka myös loistaa kirkkauden valoa. Tämän tähden taivas ei tarvitse aurinkoa, kuuta tai mitään muuta valoa tai sähköä sitä valaisemaan. Taivaassa ei ole yötä eikä päivää.

Heprealaiskirje 12:14 kehottaa meitä seuraavasti: *"Pyrkikään rauhaan kaikkien kanssa ja pyhitykseen, sillä ilman sitä ei kukaan ole näkevä Herraa."* Matteuksen luvussa 5:8 Jeesus lupaa: *"Autuaita ovat puhdassydämiset, sillä he saavat nähdä Jumalan."*

Joten ne uskovat, jotka hankkiutuvat eroon kaikesta pahuudesta sydämessään ja noudattavat Jumalan sanaa, saavat

15

nähdä Jumalan kasvot. Uskovia siunataan tässä maailmassa sen mukaan kuinka paljon he ovat Jumalan kaltaisia, ja mitä enemmän Hänen kaltaisia he ovat, sitä lähempänä Jumalan valtaistuinta he saavat elää taivaassa.

Kuinka onnellisia ihmiset tulevatkaan olemaan kun he saavat nähdä Jumalan kasvot ja palvella Häntä sekä jakaa Hänen rakkautensa ikuisesti! Mutta samalla tavalla kuin sinä et voi katsoa suoraan aurinkoa kohti sen kirkkauden tähden, ne jotka eivät ole Herran sydämen kaltaisia eivät saa nähdä Jumalaa lähietäisyydeltä.

## Aidosta Onnellisuudesta Ikuisesti Nauttiminen Taivaassa

Sinä saat nauttia aidosta onnellisuudesta taivaassa mitä ikinä sitten teetkin, sillä tämä on paras lahja jonka Jumala on valmistanut Hänen ylitsevuotavalla rakkaudellaan lapsiaan kohtaan. Enkelit tulevat palvelemaan Jumalan lapsia Heprealaiskirje 1:14 mukaisesti: *"Eivätkö he kaikki ole palvelevia henkiä, palvelukseen lähetettyjä niitä varten, jotka saavat autuuden periä?"* Palvelevien enkelien määrä ja asuinsijojen koot kuitenkin vaihtelevat sen mukaisesti kuinka paljon ihmiset muistuttavat Jumalaa, aivan niinkuin ihmisten uskonmäärätkin vaihtelevat yksilöittäin.

Heitä palvellaan kuin prinssejä ja prinsessoja, sillä enkelit lukevat heille määrättyjen isäntiensä ja emäntiensä ajatukset ja valmistavat heille mitä tahansa nämä tahtovat. Taivaassa eläimet tottelevat Jumalan lapsia ehdoitta ja joskus ne yrittävät tehdä hellyttäviä asioita näitä miellyttääkseen, sillä niissä ei ole lainkaan pahuutta.

Entä sitten taivaan kasvit? Jokaisella kasvilla on oma kaunis tuoksunsa, ja Jumalan lapsen lähestyessä niitä ne vapauttavat tämän tuoksun ilmaan. Kukat antavat Jumalan lapsille parhaan tuoksunsa ja tämä tuoksu leviää jopa kaukaisiinkin paikkoihin. Myös nämä tuoksut korvautuvat uudelleen heti samantien kun kasvit vapauttettua ne ilmaan.

Myös jokaisen kahdentoista elämänpuun hedelmät maistuvat erilaisilta. Sinä muutut niin virkistyneeksi ja onnelliseksi kun sinä haistat elämän puun kukkien tuoksun tai syöt sen hedelmää ettei tätä tilaa voida verrata mihinkään tässä maailmassa olevaan.

Toisin kuin tässä maailmassa, taivaassa myös kukat hymyilevät Jumalan lasten lähestyessä niitä. Ne jopa tanssivat isännilleen ja ihmiset voivat jopa keskustella niiden kanssa.

Vaikka joku poimiikin kukan, tähän kukkaan ei satu eikä se ole surullinen sillä se palautuu Jumalan voimalla ennalleen. Poimittu kukka haihtuu ilmaan ja katoaa. Ihmisten syömät hedelmät myös haihtuvat ilmaan kauniina tuoksuina ja ne poistuvat kehosta hengityksen mukana.

Taivaassa on neljä vuodenaikaa ja ihmiset saavat nauttia näiden vuodenaikojen vaihtumisesta. Nauttiessaan jokaisen vuodenajan erityispiirteistä ihmiset kokevat Jumalan rakkauden näiden kausien – kevään, kesän, syksyn ja talven – aikana. Nyt sinä saatat kysyä: "Tulemmeko me kärsimään kesän kuumuudesta ja talven kylmyydestä jopa taivaassa?" Sää taivaassa luo kuitenkin täydelliset olosuhteet Jumalan lapsille, eivätkä he kärsi kuumasta tai kylmästä säästä. Vaikka hengelliset kehot eivät voikaan olla kylmiä tai kuumia vaikka ne olisivatkin kylmässä tai kuumassa paikassa, ne voivat silti tuntea viileän tai lämpimän ilman. Joten taivaassa kukaan ei kärsi kuumuudesta tai kylmyydestä.

Syksyisin Jumalan lapset saavat ihailla kauniita pudonneita lehtiä, ja talvella he saavat katsoa valkoista lunta. He saavat nauttia kauneudesta, joka on paljon suurempaa kuin mikään tässä maailmassa oleva. Jumala loi taivaaseen neljä vuodenaikaa sen tähden, että Hän haluaa lastensa tietävät kaiken olevan valmiina heidän nautittavakseen taivaassa. Tämä on myös esimerkki Hänen rakkaudestaan tyydyttää Hänen lapsensa heidän kaivatessaan maata jossa he kasvoivat ennenkuin heistä tuli Jumalan lapsia.

Taivas on neliulotteinen maailma jota ei voida verrata tähän maailmaan. Se on täynnä Jumalan rakkautta ja voimaa, ja siellä on loppumattomia tapahtumia ja toimintoja joita ihmiset eivät voi edes kuvitella. Luvussa 5 sinä opit lisää uskovien ikuisesta ja onnellisesta elämästä taivaassa.

Vain ne joiden nimet on kirjattu elämän kirjaan saavat astua taivaaseen. Kuten Ilmestyskirja 21:6-8 sanoo, vain hän joka juo Elämän Lähteestä ja josta tulee Jumalan lapsi saa periä Jumalan valtakunnan:

> *Ja hän sanoi minulle: "Se on tapahtunut. Minä olen A ja O, alku ja loppu. Minä annan janoavalle elämän veden lähteestä lahjaksi. Joka voittaa, on tämän perivä,*

*ja minä olen oleva hänen Jumalansa, ja hän on oleva*
*minun poikani. Mutta pelkurien ja epäuskoisten ja*
*saastaisten ja murhaajien ja huorintekijäin ja velhojen*
*ja epäjumalainpalvelijain ja kaikkien valhettelijain osa*
*on oleva siinä järvessä, joka tulta ja tulikiveä palaa;*
*tämä on toinen kuolema."*

Ihmisen olennainen velvollisuus on Jumalan pelkääminen ja Hänen käskyjensä pitäminen (Saarnaaja 12:13). Joten sinä et voi päästä taivaaseen jos sinä et pelkää Jumalaa tai rikot Hänen käskyjään ja jatkat tietoisesti syntien tekemistä. Pahat ihmiset, murhaajat, huorintekijät, velhot ja epäjumalainpalvelijat jotka ovat järjen tuolla puolen eivät varmasti pääse taivaaseen. He eivät välittäneet Jumalasta, palvelivat riivaajia sekä uskoivat vieraisiin jumaliin Saatanaa ja paholaista seuraten.

Ne jotka valehtelevat Jumalalle ja pettävät Häntä sekä puhuvat Pyhää Henkeä vastaan ja pilkkaavat tätä eivät myöskään pääse taivaaseen. Kuten minä selitin kirjassa Helvetti, nämä ihmiset kärsivät ikuista rangaistusta helvetissä.

Minä rukoilen Herran nimessä, että sinä et vain hyväksyisi Jeesusta Kristusta ja saisi oikeutta tulla Jumalan lapseksi, vaan että Jumalan sanaa noudattamalla sinä saisit myös nauttia ikuisesta onnellisuudesta tässä kauniissa taivaassa joka on yhtä kirkas kuin kristalli.

# Luku 2

## Eedenin Puutarha ja Taivaan Odotuspaikka

*Ja Herra Jumala istutti paratiisin Eedeniin, itään, ja asetti sinne ihmisen, jonka hän oli tehnyt. Ja Herra kasvatti maasta kaikkinaisia puita, ihania nähdä ja hyviä syödä, ja elämän puun keskelle paratiisia, niin myös hyvän- ja pahantiedon puun.*

*- Genesis 2:8-9*

Aatami, joka oli ensimmäinen Jumalan luoma ihminen, eli Eedenin puutarhassa elävänä henkenä Jumalan kanssa kommunikoiden. Ajan kuluessa Aatami kuitenkin teki syntiä niskoittelemalla kun hän söi hyvän- ja pahantiedon puusta Jumalan käskyn vastaisesti. Tämän johdosta hänen henkensä, ihmisen isäntä, kuoli. Hänet ajettiin ulos Eedenin puutarhasta ja hänen täytyi elää tässä maailmassa. Tällöin Aatamin ja Eevan henget kuolivat ja kommunikaatioyhteys heidän ja Jumalan välillä katkesi. Kuinka paljon heidän on täytynytkään kaivata Eedenin puutarhaa eläessään tässä kirotussa maassa.

Kaikkitietävä Jumala oli tietoinen Aatamin tottelemattomuudesta jo etukäteen ja Hän valmisti Jeesuksen

Kristuksen ja avasi oven pelastukseen oikean hetken koittaessa. Jokainen joka pelastuu uskon kautta saa periä taivaan jota ei voida verrata edes Eedenin puutarhaan.

Jeesuksen noustua ylös ja mentyä taivaaseen Hän valmisti odotustilan asuinsijoineen jossa pelastuneet ihmiset voivat odottaa Tuomion Päivää. Tarkastelkaamme seuraavaksi Eedenin puutarhaa ja taivaan Odotustilaa voidaksemme paremmin ymmärtää taivasta.

## Eedenin Puutarha Jossa Aatami Eli

Genesis 2:8-9 puhuu Eedenin puutarhasta. Täällä Aatami ja Eeva, ensimmäinen mies ja nainen, elivät.

*Ja Herra Jumala istutti paratiisin Eedeniin, itään, ja asetti sinne ihmisen, jonka hän oli tehnyt. Ja Herra Jumala kasvatti maasta kaikkinaisia puita, ihania nähdä ja hyviä syödä, ja elämän puun keskelle paratiisia, niin myös hyvän-ja pahantiedon puun.*

Eedenin puutarha oli oleva paikka jossa Aatami, elävä henki, oli elävä, joten sen täytyi sijaita jossakin hengellisen maailman osassa. Oliko se paikka jossa Eedenin puutarha sijaitsee tänään sitten todella Aatamin koti?

## Eedenin Puutarhan Sijainti

Jumala on maininnut Raamatussa "taivaan" useita kertoja antaakseen sinun ymmärtää että hengellisessä maailmassa on paikkoja taivaan tuolla puolen joita ei voi nähdä paljain silmin. Hän käyttää sanaa "taivas" saadakseen sinut ymmärtämään että nämä paikat kuuluvat hengelliseen maailmaan.

*Katso, taivaat ja taivasten taivaat, maa ja kaikki, mitä siinä on, ovat Herran, sinun Jumalasi (5. Moos. 10:14).*

*Hän on tehnyt maan voimallansa, vahvistanut maanpiirin viisaudellansa ja levittänyt taivaat taidollansa (Jeremia 10:12).*

*Ylistäkää häntä, te taivasten taivaat, te vedet taivasten päällä (Psalm. 148:4).*

Sinun tulee siis ymmärtää että "taivas" ei tarkoita ainoastaan paljain silmin näkyvää taivasta. Aurinko, kuu ja tähdet sijaitsevat Ensimäisessä Taivaassa, kun taas Toinen ja Kolmas Taivas kuuluvat hengelliseen maailmaan. 2. Korinttolaiskirjeen luvussa 12 apostoli Paavali puhuu Kolmannesta Taivaasta. Koko taivas Paratiisista Uuteen Jerusalemiin kuuluu tähän Kolmanteen Taivaaseen.

Apostoli Paavali oli käynyt Paratiisissa. Tänne pääsevät ne ihmiset joilla on vähiten uskoa ja tämä paikka on kaikista kauimpana Jumalan Valtaistuimesta. Täällä hän kuuli taivaan

23

salaisuuksista. Silti hän tunnusti että nämä ovat asioita joita "ihmisen ei ole lupa puhua."

Minkälainen hengellinen maailma Toinen Taivas sitten on? Se on erilainen kuin Kolmas Taivas, ja yksi sen osista on Eedenin puutarha. Useimmat ihmiset luulevat että Eedenin puutarha olisi sijainnut tässä maailmassa. Monet raamatuntutkijat ja tiedemiehet jatkavat arkeologisia etsintöjä ja kaivauksia Lähi-Idässä Mesopotamian alueella sekä Eufrates-ja Tigris-jokien yläjuoksuilla. Tähän mennessä he eivät ole kuitenkaan löytäneet mitään. Ihmiset eivät ole löytäneet Eedenin puutarhaa tästä maailmasta sen tähden että se sijaitsee hengelliseen maailmaan kuuluvassa Toisessa Taivaassa.

Toiseen Taivaaseen kuuluvat myös pahat henget jotka ajettiin ulos Kolmannesta Taivaasta Lusiferin kapinan jälkeen. Genesis 3:24 sanoo näin: *"Ja hän karkoitti ihmisen ja asetti Eedenin paratiisin itäpuolelle kerubit ynnä välkkyvän, leimuavan miekan vartioitsemaan elämän puun tietä."* Jumala teki tämän estääkseen pahoja henkiä saavuttamasta ikuista elämää Eedenin puutarhaan astumalla ja elämän puusta syömällä.

## Portit Eedenin Puutarhaan

Sinun tulee myös ymmärtää että Toinen Taivas on Ensimmäisen Taivaan Yläpuolella, ja että Kolmas Taivas on puolestaan Toisen Taivaan yläpuolella. Sinä et voi ymmärtää neliulotteisen maailman tilaa kolmiulotteisen maailman ymmärryksellä ja tietoudella. Miten lukuisat taivaat ovat sitten rakennettu? Kolmiulotteinen maailma jonka sinä näet ympärilläsi ja hengellinen maailma ovat toisistaan erillään mutta ne ovat silti samaan aikaan toisiinsa liittyneitä ja päällekkäin. On olemassa portteja jotka liittävät kolmiulotteisen maailman ja hengellisen maailman toisiinsa.

Portit liittävät Ensimmäisen Taivaan Toisen Taivaan Eedenin puutarhaan vaikket näitä näekään. Nämä portit eivät sijaitse kovinkaan korkealla vaan suunnilleen samalla tasolla kuin pilvet joita saatat nähdä katsoessasi alas lentokoneesta.

Voit lukea Raamatusta että taivaaseen on useita portteja (Genesis 7:11; 2. Kun. 2:11; Luuk. 9:28-36; Ap. t. 1:9; 7:56). Joten taivaanportin auetessa on mahdollista mennä hengellisen maailman eri taivaisiin, ja uskonsa kautta pelastuneet saavat mennä Kolmanteen Taivaaseen.

Sama koskee Haadesta ja helvettiä. Myös nämä paikat kuuluvat hengelliseen maailmaan, ja on olemassa portteja jotka johtavat myös näihin paikkoihin. Joten kun ihmiset joilla ei ole uskoa kuolevat, he menevät näiden porttien kautta alas Haadekseen joka kuuluu helvettiin, tai sitten suoraan helvettiin.

## Hengelliset ja Maalliset Ulottuvuudet Ovat Molemmat Olemassa

Toiseen Taivaaseen kuuluva Eedenin puutarha sijaitsee hengellisessä maailmassa. Tämä hengellinen maailma kuitenkin eroaa Kolmannen Taivaan hengellisestä maailmasta. Se ei ole täysin hengellinen maailma sillä se voi olla olemassa yhtäaikaa maallisen maailman kanssa.

Toisin sanoen, Eedenin puutarha on väliasema maallisen

maailman ja hengellisen maailman välillä. Ensimmäinen ihminen, Aatami, oli elävä henki, mutta hänellä oli silti maallinen, tomusta tehty keho. Joten siellä Aatami ja Eeva olivat hedelmällisiä ja lisääntyivät, synnyttäen lapsia samalla tavalla kuin mekin (Genesis 3:16).

Jopa sen jälkeen kun Aatami söi hyvän- ja pahantiedon puusta ja tuli ajetuksi ulos tähän maailmaan hänen Eedenin puutarhaan jääneet lapsensa elävät yhä tänäkin päivänä kuolemaa kokematta elävinä henkinä. Eedenin puutarha on hyvin rauhaisa paikka jossa ei ole kuolemaa. Se on Jumalan voiman johtama ja Hänen tekemiensä sääntöjen ja käskyjen hallitsema. Vaikka siellä ei olekaan päivän ja yön välistä eroa, Aatamin jälkeläiset tietävät luonnollisesti milloin olla aktiivinen, milloin levätä ja niin edelleen.

Eedenin puutarhalla on myös hyvin samankaltaisia piirteitä tämän maan kanssa. Se on täynnä erilaisia kasveja, eläimiä ja hyönteisiä. Sillä on myös loputon ja kaunis luonto. Siellä ei kuitenkaan ole korkeita vuoria vaan ainostaan matalia kukkuloita. Näillä kukkuloilla on joitakin talonkaltaisia rakennuksia, mutta ihmiset eivät asu näissä rakennuksissa vaan ainoastaan lepäävät niissä.

## Aatamin ja Hänen Lastensa Lomapaikka

Aatami eli hyvin kauan Eedenin puutarhassa jälkeläistensä lukua lisäten. Aatami ja hänen lapsensa olivat eläviä henkiä, joten he saattoivat tulla alas tähän maahan vapaasti Toisen Taivaan porttien kautta.

Ihmiskunnan historia on erittäin vanha, ja sinun tulisi ymmärtää se siitä että Aatami ja hänen lapsensa pitivät maata heidän lomapaikkanaan kauan aikaa. Jotkut sekoittavat tämän historian kuusituhatvuotiseen ihmishistoriaan eivätkä siten usko Raamattuun.

Sinä kuitenkin ymmärrät että Aatamilla ja hänen lapsillaan oli tapana tulla tähän maahan kun sinä tutkit tarkasti salaperäisiä ja muinaisia sivilisaatioita. Gizan pyramidit ja sfinksi Egyptissä ovat esimerkkejä Eedenin puutarhassa eläneiden Aatamin ja hänen lastensa jalanjäljistä. Tämänkaltaiset jalanjäljet joita on löydetty jokapuolelta maailmaa on valmistettu paljon hienostuneemmalla ja kehittyneemmällä tekniikalla ja tieteellä kuin mihin meidän nykypäivän teknologiamme pystyy.

Esimerkiksi pyramidit pitävät sisällään ihmeellisiä matemaattisia laskelmia sekä sellaisia geometriaan ja tähtitieteeseen liittyviä asioita että niitä ei ole voitu löytää ja ymmärtää kuin vasta edistyneillä tutkimuksilla. Ne sisältävät monia salaisuuksia joita sinä voit ymmärtää vasta sitten kun tiedät tarkalleen maailmankaikkeuden tähdistöt ja sen kiertokulut. Jotkut pitävät näitä muinaisia sivilisaatioita ulkoavaruuden avaruusolioiden jalanjälkinä, mutta Raamatun avulla sinä voit ratkoa kaikki ne salaisuudet joita jopa tiede ei voi ymmärtää.

## Eedenin Sivilisaation Jalanjälki

Eedenin puutarhassa eläneellä Aatamilla oli uskomaton tiedon ja taitojen määrä. Tämä oli seurausta siitä että Jumala oli opettanut hänelle todellista tietoa, ja tällainen tietous ja

27

ymmärtämys kerääntyi ja kehittyi ajan kuluessa. Joten Aatamille, joka tiesi kaiken maailmankaikkeudesta ja joka oli kesyttänyt maan, pyramidien ja Gizan sfinksin rakentaminen ei ollut vaikeaa. Ensimmäinen ihminen tiesi asioita joita me emme tiedä vielä nykyäänkään eden nykyaikaisen tieteen avulla sillä itse Jumala oli opettanut häntä henkilökohtaisesti.

Jotkut pyramidit rakennettiin Aatamin taidoilla ja tietoudella kun taas toiset pystytettiin hänen lastensa toimesta. Jotkut myös pystytettiin tämän maan ihmisten toimesta jotka koettivat matkia Aatamin vanhoja pyramideja. Kaikki nämä pyramidit eroavat toisistaan teknisesti. Tämä johtuu siitä että vain Aatamilla oli Jumalan antama valta alistaa koko luomakunta alleen.

Aatami eli Eedenin puutarhassa hyvin kauan aikaa tullen aina joskus käymään tässä maassa. Hänen syyllistyttyä tottelemattomuuden syntiin hänet kuitenkin ajettiin puutarhasta ulos. Jumala ei kuitenkaan sulkenut tämän maan ja Eedenin puutarhan välisiä portteja vähään aikaan tämän jälkeen.

Tämän johdosta Aatamin lapset jotka elivät yhä Eedenin puutarhassa saattoivat tulla vapaasti alas maahan. Heidän vieraillessa yhä useammin he alkoivat ottaa ihmisen tyttäriä vaimoikseen (Genesis 6:1-4).

Sitten Jumala sulki taivaalla olevat Eedenin puutarhaa ja maata yhdistävät portit. Liikkuminen näiden kahden maailman välillä ei kuitenkaan lakannut kokonaan vaan se tuli aikaisempaa tiukemman kontrollin alaiseksi. Sinun tulee ymmärtää että useimmat salaperäiset ja ratkaisemattomat muinaiset sivilisaatiot ovat Aatamin ja hänen lastensa jalanjälkiä jotka ovat jääneet jäljelle ajasta, jolloin he saattoivat tulla vapaasti tämän maan päälle.

## Ihmisten ja Dinosaurusten Historia Maan Päällä

Miksi maan päällä eläneet dinosaurukset sitten kuolivat yhtäkkiä sukupuuttoon? Tämä on myös yksi erittäin tärkeistä todisteista jotka kertovat kuinka vanha ihmiskunnan historia todella on. Tämä on salaisuus joka voidaan ratkaista vain Raamatun avulla.

Jumala itseasiassa asetti dinosaurukset Eedenin puutarhaan. Ne olivat alunperin säyseitä mutta ne ajettiin ulos tähän maahan sillä he putosivat Saatanan ansaan saman ajankohdan aikana jolloin Aatami saattoi yhä matkustaa edestakaisin tämän maailman ja Eedenin puutarhan välillä. Tässä maailmassa elävien dinosaurusten oli jatkuvasti etsittävä ruokaa. Toisin kuin Eedenin puutarha, joka tuotti kaikkea yllinkyllin, tämä maailma ei pystynyt tuottamaan tarpeeksi ruokaa dinosaurusten suuria kehoja varten. Ne söivät ensiksi hedelmät, viljan ja kasvit ja alkoivat sitten syödä eläimiä. Näin ne melkein tuhosivat ympäristön ja ruokaketjun. Lopulta Jumala päätti ettei Hän voinut enää pitää dinosauruksia maan päällä ja Hän tuhosi ne taivaasta tulevalla tulella.

Nykyään monet tutkijat väittävät että dinosaurukset elivät tässä maailmassa kauan aikaa. He sanovat että dinosaurukset elivät yli 160 miljoonaa vuotta. Yksikään näistä väittämistä ei kuitenkaan selitä tyydyttävästi sitä kuinka dinosaurukset ilmestyivät niin yhtäkkiä ja kuinka ne kuolivat sukupuuttoon niin nopeasti. Jos näin suuret dinosaurukset myös kehittyivät niin pitkän ajan kuluessa niin mitä ne olisivat syöneet jatkaakseen elämistään?

Evoluutioteorian mukaan usean alempitasoisen olennon olisi pitänyt olla olemassa ennen dinosaurusten ilmaantumista. Tästä ei kuitenkaan ole mitään todisteita. Yleensä eläinten kuollessa sukupuuttoon niiden lukumäärä laskee jonkin ajan kuluesa ennen kuin ne katoavat kokonaan. Dinosaurukset kuitenkin katosivat yhtäkkiä.

Tiedemiehet väittävät tämän johtuneen äkillisestä ilmastonmuutoksesta, viruksesta, toisessa tähdessä tapahtuneesta räjähdyksestä johtuvasta säteilystä tai suuren meteorin törmäyksestä maahan. Jos jokin tämänkaltainen muutos olisi ollut niin katastrofaalinen että se olisi tappanut dinosaurukset niin myös muiden eläinten ja kasvien olisi pitänyt tuhoutua. Muut kasvit, nisäkkäät ja linnut ovat kuitenkin yhä elossa, joten todellisuus ei tue evoluutioteoriaa.

Aatami ja Eeva elivät Eedenin puutarhassa vieraillen silloin tällöin maassa jo ennen kuin dinosaurukset ilmestyivät maapallolle. Sinun tulee ymmärtää että maailman historia on erittäin pitkä.

Sinä voit oppia lisää yksityiskohtia saarnaamistani "Genesiksen saarnoista" ("Lectures on Genesis"). Tästä eteenpäin minä tahdon kertoa Eedenin puutarhan kauniista luonnosta.

## Eedenin Puutarhan Kaunis Luonne

Sinä makaat mukavanoloisesti kyljelläsi raikkaita puita ja kukkia täynnä olevalla tasangolla valon kääriytyessä koko vartalosi ympärille. Sinä katsot ylös siniselle taivaalle missä puhtaanvalkeat pilvet kelluvat muodostaen erilaisia muotoja.

Järvi välkkyy kauniisti rinteen juurella ja kukkien suloisia tuoksuja sisältävä tuulenvire puhaltaa ohitsesi. Sinä voit käydä ilahduttavia keskusteluja rakkaimpiesi kanssa ja sinä tunnet olosi onnelliseksi. Joskus sinä voit maata laajoilla niityillä tai kukkakedoilla ja tuntea kuinka suloinen tuoksu koskettaa kukkia keveästi. Sinä voit myöskin maata varjossa puun alla joka kantaa useita ruokahalua herättäviä hedelmiä ja syödä niin monta hedelmää kuin itse tahdot.

Järvi ja meri ovat täynnä erilaisia värikkäitä kaloja. Sinä voit halutessasi mennä lähistöllä olevalle rannalle ja nauttia virkistävistä aalloista tai auringonvalossa säihkyvistä valkoisista rannoista. Jos tahdot, sinä voit jopa uida kuin kala konsanaan.

Ihastuttavat kauriit, jänikset ja oravat tulevat luoksesi kauniin kiiltävine silmineen tehden hellyttäviä asioita. Suurella tasangolla useat eläimet leikkivät ja kisaavat keskenään rauhanomaisesti.

Tämä on Eedenin puutarha joka on täynnä rauhaa ja iloa. Luultavasti useat ihmiset tässä maailmassa tahtoisivat jättää kiireiset elämänsä ja kokea edes kerran tämänkaltaista rauhaa ja rikkumattomuutta.

## Yltäkylläinen Elämä Eedenin Puutarhassa

Eedenin puutarhassa ihmiset saavat syödä ja nauttia niin paljon kuin haluavat vaikkeivat he teekään mitään työtä. Siellä ei ole huolia, murheita tai levottomuutta ja se on täynnä iloa, riemua ja rauhaa. Koska kaikki perustuu Jumalan sääntöihin ja käskyihin, siellä asuvat ihmiset nauttivat ikuisesta elämästä vaikkeivat he olekaan tehneet yhtään työtä.

Suurin osa tämän maan piirteistä löytyy myös Eedenin puutarhasta jolla on samankaltainen ympäristö kuin tällä maalla. Ne kuitenkin pysyvät kirkkaina ja kauniina toisin kuin niiden maalliset vastineet, sillä ne eivät saastu tai muutu sen jälkeen kun ne on luotu.

Vaikka ihmiset Eedenin puutarhassa eivät yleensä pidä vaatteita he eivät tunne häpeää eivätkä tee haureutta, sillä he eivät ole syntisen luonteisia eikä heillä ole pahuutta sydämessään. Tämä on sama kuin jos vastasyntynyt vauva leikkii vapaasti alastomana ollen täysin vaivaantumaton tai tietoinen siitä mitä muut saattavat sanoa tai tehdä.

Eedenin puutarhan ympäristö on ihmisille sopiva vaikkei heillä olisikaan mitään vaatteita, ja sen tähden he eivät tunne oloaan vaivaantuneeksi alastomuutensa johdosta. Kuinka ihanaa se olisikaan, sillä siellä ei ole mitään pahoja hyönteisiä tai piikkejä jotka saattaisivat vahingoittaa ihoa!

Jotku ihmiset pitävät vaatteita. He ovat tietynkokoisten ryhmien johtajia. Myös Eedenin puutarhassa on käskyjä ja sääntöjä. Yhdessä ryhmässä on johtaja jota muut jäsenet tottelevat ja seuraavat. Toisin kuin muut, nämä johtajat pitävät vaatteita, mutta he tekevät näin vain osoittaakseen asemansa, eivät peittääkseen, kätkeäkseen tai koristellakseen itseänsä.

Genesis 3:8 panee merkille lämpötilanmuutoksen Eedenin puutarhassa: *"Ja he kuulivat, kuinka Herra Jumala käyskenteli paratiisissa illan viileydessä. Ja mies vaimoineen lymysi Herran Jumalan kasvojen edestä paratiisin puiden sekaan."* Sinä ymmärrät että ihmisillä on "viileitä" tuntemuksia Eedenin puutarhassa. Tämä ei kuitenkaan tarkoita sitä että he hikoilevat päivän kuumuudessa tai vapisevat kylmän päivän aikana niin kuin tässä maailmassa tapahtuu.

Eedenin puutarhassa vallitsee aina kaikista mukavin lämpötilan, kosteuden ja tuulen taso, joten siellä ei ilmene mitään sään vaihtelevuuden aiheuttamia epämukavuuksia.

Eedenin puutarhassa ei ole myöskään päiviä eikä öitä. Se on aina Isä Jumalan valon ympäröimä ja sinusta tuntuu aina että siellä on päiväsaika. Ihmisillä on lepoaika, ja he erottavat lepoajan ajasta jolloin olla aktiivinen lämpötilan muutoksen perusteella.

Lämpötilan muuttuminen ei kuitenkaan tarkoita sitä että se nousee tai laskee äkillisesti niin että ihmiset tuntevat yhtäkkiä olonsa kylmäksi tai kuumaksi. Mutta lepääminen heikossa tuulenvireessä tuntuu kuitenkin mukavammalta.

## Ihmisiä Kasvatetaan Maan Päällä

Eedenin puutarha on niin laaja ja suuri että sinä et voi edes kuvitella sen kokoa. Se on noin miljardi kertaa tätä maata suurempi. Ensimmäinen Taivas, jossa ihmiset voivat elää vain 70 tai 80 vuotta, vaikuttaa meistä loputtomalta sen yltäessä meidän aurinkokunnastamme aina toisiin galakseihin saakka. Kuinka paljon Ensimmäistä Taivasta suurempi on sitten Eedenin puutarha, jossa ihmiset lisääntyvät näkemättä kuolemaa?

Kuinka kaunis, yltäkylläinen tai suuri Eedenin puutarha sitten onkaan, sitä ei voida koskaan verrata mihinkään taivaan paikkaan. Jopa Paratiisi, joka on taivaan Odotuspaikka, on paljon kauniimpi ja onnellisempi paikka. Ikuinen elämä Eedenin puutarhassa on hyvin erilainen verrattuna ikuiseen elämään taivaassa.

Sinä voit nähdä kuinka Eedenin puutarha eroaa taivaan Odotuspaikasta tutkimalla Jumalan suunnitelmaa sekä niitä vaiheita jotka liittyivät Aatamin ajamiseen ulos puutarhasta ja hänen kasvatukseensa tässä maassa.

## Hyvän- ja Pahantiedon Puu Eedenin Puutarhassa

Aatami, ensimäinen ihminen, saattoi syödä mitä tahansa hän halusi, alistaa koko luomakunnan ja elää ikuisesti Eedenin puutarhassa. Mutta jos sinä luet Genesiksen 2:16-17, Jumala käskee ihmistä: *"Ja Herra Jumala käski ihmistä sanoen: 'Syö vapaasti kaikista muista paratiisin puista mutta hyvän- ja pahantiedon puusta älä syö, sillä sinä päivänä, jona sinä siitä syöt, pitää sinun kuolemalla kuoleman.'"* Vaikka Jumala oli antanut Aatamille sekä suuren vallan alistaa koko luomakunnan että vapaan tahdon, Hän silti kielsi tiukasti Aatamia syömästä hyvän- ja pahantiedon puusta. Eedenin puutarhassa on useita värikkäitä, kauniita ja herkullisia hedelmiä joita ei voida edes verrata tämän maailman hedelmiin. Jumala antoi kaikki hedelmät Aatamin valtaan jotta hän voisi syödä niitä niin paljon kuin tahtoi.

Hyvän- ja pahantiedon puun hedelmä oli kuitenkin poikkeus. Tästä sinun tulisi ymmärtää että vaikka Jumala tiesikin että Aatami tulisi syömään hyvän- ja pahantiedon puusta, Hän ei kuitenkaan yksinkertaisesti jättänyt Aatamia tekemään syntiä. Monilla ihmisillä on väärinkäsitys, että Jumala asetti hyvän- ja pahantiedon puun koetellakseen Aatamia, tietäen että tämä tulisi epäonnistumaan. Jos näin olisi, Hän ei olisi kieltänyt Aatamia näin ankarasti. Joten sinä näet tästä että Jumala ei asettanut hyvän- ja pahantiedon puuta jotta Aatami voisi syödä siitä tai koetellakseen häntä.

Kuten Jaak. 1:13 sanoo, *"Älköön kukaan, kiusauksessa ollessaan, sanoko: 'Jumala minua kiusaa'; sillä Jumala ei ole pahan kiusattavissa, eikä hän ketään kiusaa."* Jumala ei itse kiusaa ketään.

Miksi Jumala sitten asetti hyvän- ja pahantiedon puun Eedenin puutarhaan? Voidaksesi tuntea iloa, riemua tai onnellisuutta sinun on täytynyt kokea näiden vastakohtia, eli surua, kipua ja levottomuutta. Joten jos sinä tiedät että hyvyys, totuus ja valo ovat hyvää, se johtuu siitä että sinä olet kokenut ja ollut tietoinen siitä että pahuus, epätotuus ja pimeys ovat pahoja.

Vaikka sinä ehkä tietäisitkin näin olevan sen johdosta että olisit kuullut sen jostain, sinä et voi tuntea sydämessäsi kuinka hyvää rakkaus, hyvyys ja onnellisuus ovat jos sinä et ole kokenut tätä suhteellisuutta. Voisiko joku joka ei ole koskaan ollut sairas tai nähnyt ketään sairasta esimerkiksi tietää sairauden kipua. Tämä henkilö ei edes tietäisi kuinka hyvää on olla terve. Jos henkilö ei ole myöskään koskaan kokenut tarvetta tai tuntenut ketään jolla on puutetta, niin kuinka paljon hän sitten tietäisi köyhyydestä? Tällainen henkilö ei tietäisi että on "hyvä" olla rikas, oli hän oikeasti sitten kuinka rikas tahansa. Samoin, jos joku ei ole kokenut köyhyyttä, hänellä ei voi olla todella sydämensä pohjasta kumpuavaa kiitollista mieltä.

Ihminen ei tiedä nauttimansa onnellisuuden arvoa jos hän ei tiedä omaaviensa hyvien asioiden arvoa. Hän voi kuitenkin olla kykeneväinen nauttimaan siitä rikkaudesta ja terveydestä kumpuavasta onnellisuudesta jos hän on kokenut sairauden kivun ja köyhyyden surun. Tämä on se syy miksi Jumalan täytyi asettaa hyvän- ja pahantiedon puu.

Joten Eedenin puutarhasta ulos ajetut Aatami ja Eeva kokivat tämän vastakohtaisuuden ja he ymmärsivät Jumalan heille antaman rakkauden ja siunausten arvon. Vasta sitten heistä saattoi tulla todellisia Jumalan lapsia jotka tietävät todellisen onnellisuuden ja elämän arvon.

Jumala ei kuitenkaan johdattanut Aatamia tälle tielle tahallaan. Aatami päätti niskoitella Jumalan käskyä vastaan omasta vapaasta tahdostaan. Rakkaudessaan ja vanhurskaudessaan Jumala oli suunnitellut ihmisten kasvattamisen.

## Jumalan Johdatus Ihmisten Kasvatuksessa

Kun ihmiset karkoitettiin Eedenin puutarhasta ja heitä alettiin kasvattaa tämän maan päällä heidän täytyi kokea kaikenlaista kärsimystä kuten kyyneliä, surua, kipua, sairauksia ja kuolemaa. Heidän suureksi kiitollisuudeksi tämä antoi heidän kuitenkin tuntea todellista onnellisuutta ja nauttia ikuisesta elämästä.

Joten se, että Jumala tekee meistä Hänen todellisia lapsiaan tämän ihmiskasvatuksen kautta, on vain yksi esimerkki Hänen rakkaudesta ja suunnitelmastaan. Vanhemmat eivät pitäisi sitä ajan haaskauksena jos heidän lastensa kasvattaminen ja ajoittainen rankaiseminen auttaisi heidän lastaan menestymään. Jos lapset lisäksi uskovat saavuttavansa kunniaa tulevaisuudessa, he ovat kärsivällisiä ja ylittävät esteitä ja vaikeita tilanteita.

Samalla tavoin, jos sinäkin ajattelet sitä todellista onnellisuutta josta sinä saat nauttia taivaassa niin tässä maailmassa kasvatetuksi tuleminen ei tunnu kovin vaikealta tai kivuliaalta. Sen sijaan sinun tulee olla kiitollinen siitä että saat elää Jumalan sanan mukaisesti sillä sinä voit unelmoida siitä kirkkaudesta joka tulee myöhemmin osaksesi.

Joten kumpaa Jumala pitäisi rakkaampana – sitäkö joka on todella kiitollinen Jumalalle koettuaan monia koettelemuksia tämän maan päällä, vaiko se, joka on Eedenin puutarhassa ja joka ei oikeasti arvosta mitä hänellä on siitä huolimatta että elää niin kauniissa ja yltäkylläisessä ympäristössä?

Jumala kasvatti Aatamia, joka ajettiin ulos Eedenin puutarhasta, ja Hän kasvattaa tämän jälkeläisiä tämän maan päällä tehdäkseen heistä Hänen todellisia lapsia. Kun tämä kasvatus on ohitse ja asuinsijat taivaassa ovat valmiit, Herra tulee palaamaan takaisin. Sinä tulet omaaman ikuisen onnellisuuden jos asut taivaassa, sillä edes taivaan alhaisimpia tasoja ei voida verrata Eedenin puutarhan kauneuteen.

Joten sinun tulisi ymmärtää Jumalan johdatus ihmisten kasvattamisessa ja pyrkiä tulemaan Hänen Sanansa mukaisesti eläväksi Hänen todelliseksi lapseksi.


## Taivaan Odotuspaikka

Aatamin jälkeläisten kohtalona on kuolla kerran ja kohdata tämän jälkeen Suuri Tuomiopäivä (Hepr. 9:27). Silti ihmisten henget ovat kuolemattomia, joten niiden täytyy mennä joko taivaaseen tai helvettiin.

Ne eivät mene kuitenkaan suoraan taivaaseen tai helvettiin sillä ne pysähtyvät taivaan tai helvetin odotuspaikassa. Minkälainen paikka on sitten tämä Odotuspaikka jossa Jumalan lapset viettävät aikaa?

## Ihmisen Henki Jättää Tämän Kehon Lopun Koittaessa

Ihmisen kuollessa hänen henkensä jättää hänen kehonsa. Kaikki ne jotka eivät ole tästä tietoisia tulevat yllättymään kuolemansa jälkeen nähdessään itsensä makaamassa alapuolellaan. Ja vaikka ihminen olisikin uskossa, kuinka outoa se tuleekaan olemaan kun hänen henkensä jättää hänen kehonsa?

Kaikki tulee olemaan hyvin erilaista kun sinä astut kolmiulotteisesta maailmasta neliulotteiseen maailmaan. Sinun kehosi tuntuu hyvin kevyeltä ja sinusta tuntuu kuin sinä lentäisit. Silti sinä et omaa rajatonta vapautta edes silloin kun henkesi erkanee kehostasi.

Sinä tarvitset jonkin verran aikaa voidaksesi mukautua hengelliseen maailmaan ja perusasioiden oppimiseen, aivan kuten linnunpoikaset jotka eivät osaa lentää heti syntymänsä jälkeen vaikka ne ovatkin syntyneet siipien kanssa.

Ne, jotka kuolevat Jeesukseen Kristukseen uskoen, tulevat astumaan Ylempään Hautaan kahden enkelin saattelemana. Siellä he oppivat enkeleiltä tai profeetoilta taivaan elämästä.

Tutkimalla Raamattua sinä tajuat että on olemassa kahdenlaisia hautoja. Uskon esi-isät kuten Jaakob ja Job sanovat menevänsä kuolemansa jälkeen hautaan (Genesis 37:35; Job 7:9).

Koorah ja hänen ryhmänsä jotka avastustivat Moosesta, Jumalan miestä, sortuivat hautaan elävinä (4. Moos. 16:33).

Luukas kertoo kuinka rikas mies ja Lasarus-niminen kerjäläinen menevät hautoihin kuolemansa jälkeen, ja tästä sinä voit ymmärtää että he eivät ole samassa "haudassa." Rikas mies kärsii kovasti tulessa kun taas Lasarus lepää kaukana Aabrahamin rinnalla.

On siis olemassa hauta niitä varten jotka pelastuvat ja hauta niille jotka eivät pelastu. Hauta, johon Koorah ja hänen miehensä sekä rikas mies joutuivat, on helvettiin kuuluva Haades, kun taas se hauta, johon Lasarus päätyi, oli taivaaseen kuuluva Ylempi Hauta.

## Kolmipäiväinen Vierailu Ylemmässä Haudassa

Vanhan testamentin aikoina pelastuneet ihmiset odottivat Ylemmässä Haudassa: koska Aabraham, uskon esi-isä, oli vastuussa Ylemmästä Haudasta, kerjäläläis-Lasarus on Aabrahamin rinnalla Luukaksen luvussa 16. Sen jälkeen kun Herra nousi ylös ja astui taivaaseen, pelastuneet ihmiset eivät enää mene Aabrahamin rinnalle Ylempään Hautaan. He viipyvät Ylemmässä Haudassa kolmen päivän ajan ja menevät sen jälkeen johonkin Paratiisin kolkkaan. Tämä tarkoittaa sitä, että he tulevat olemaan Herran kanssa taivaan Odotuspaikassa.

Jeesus sanoo Joh. 14:2 seuraavasti: *"Minun Isäni kodissa on monta asuinsijaa. Jos ei niin olisi, sanoisinko minä teille, että minä menen valmistamaan teille sijaa?"* Ylösnousemuksensa jälkeen meidän Herramme on valmistanut asuinsijaa kaikille meille uskoville. Joten siitä lähtien kun Herra alkoi valmistella sijoja Jumalan lapsille, kaikki pelastuneet ovat astuneet taivaan Odotuspaikkaan joka sijaitsee jossain Paratiisissa.

Jotkut saattavat ihmetellä kuinka niin monet luomisesta lähtien pelastetut ihmiset voivat asua Paratiisissa. Ei ole kuitenkaan syytä huolehtia. Jopa aurinkokunta johon maakin kuuluu on pelkkä piste verrattuna galaksiin. Kuinka suuri on sitten galaksi? Koko maailmankaikkeuteen verrattuna galaksi on pelkkä piste. Kuinka suuri on sitten maailmankaikkeus?

Tämä maailmankaikkeus on lisäksi vain yksi monista, joten on mahdotonta käsittää kuinka suuri koko maailmankaikkeus on. Jos tämä konkreettinen maailma on niin suuri, niin kuinka paljon suurempi onkaan sitten hengellinen maailma?

## Taivaan Odotuspaikka

VMinkälainen on sitten tämä taivaan Odostuspaikka johon pelastetut ihmiset saapuvat vietettyään ensin kolme päivää Ylemmässä Haudassa?

Ihmisten nähdessä kauniita paikkoja he usein vertaavat niitä "Paratiisiin maan päällä" tai "Eedenin puutarhaan." Eedenin puutarhaa ei voida kuitenkaan verrata mihinkään tämän maailman kauneuteen. Eedenin puutarhassa elävät ihmiset elävät ihania ja unenomaisia elämiä jotka ovat täynnä onnellisuutta, rauhaa ja iloa. Tämä näyttää hyvältä kuitenkin vain tämän maailman ihmisten silmissä. Päästyäsi taivaaseen sinä kuitenkin muutat mielipidettäsi välittömästi.

Taivasta ei voi verrata Eedenin puutarhaan samalla tavalla

kuin Eedenin puutarhaa ei voida verrata tähän maahan. Toiseen Taivaaseen kuuluvan Eedenin puutarhan onnellisuuden ja Kolmanteen Taivaaseen kuuluvan ja Paratiisissa sijaitsevan Odotuspaikan onnellisuuden välinen ero on perusteellinen. Tämä johtuu siitä että Eedenin puutarhassa olevat ihmiset eivät ole todellisia Jumalan lapsia joiden sydämet ovat jalostettuja.

Salli minun esittää esimerkin jonka avulla sinä saatat ymmärtää paremmin. Ennen sähkön aikakautta korealaiset esi-isät käyttivät kerosiinilyhtyjä. Nämä lyhdyt olivat erittäin hämäriä nykyajan sähkölamppuihin verrattuna mutta siihen aikaan ne olivat kallisarvoisia sillä ne olivat öisin ainoa valonlähde. Ihmisten kehiteltyä ja opeteltua käyttämään sähköä tämä johti sähkölamppujen ilmestymiseen. Niille jotka olivat tottuneet vain kerosiinilyhtyihin nämä uudet sähkölamput olivat ihmeellisiä ja niiden kirkkaus vangitsi heidän huomionsa.

Jos me sanomme että tämä maa on täynnä pimeyttä ilman valon häivääkään niin sitten Eedenin puutarha on paikka missä ihmisillä on kerosiinilyhtyjä ja taivas on paikka missä heillä on sähkölamppuja. Kerosiinilyhdyt ovat täysin eri asia kuin sähkölamput vaikka ne ovatkin molemmat valonlähteitä, ja samalla tavalla taivaan Odotushuone on täysin erilainen verrattuna Eedenin puutarhaan.

## Paratiisin Reunalla Sijaitseva Odotuspaikka

Taivaan Odotuspaikka sijaitsee Paratiisin reunalla. Paratiisi on paikka niille joilla on vähiten uskoa ja se on myös kaikista kauimpana Jumalan Valtaistuimesta. Se on hyvin laaja paikka.

Paratiisin reunalla odottavat ihmiset saavat oppia hengellistä tietoutta profeetoilta. He oppivat kolmiyhteisestä Jumalasta, taivaasta, siitä kuinka hengellistä maailmaa hallitaan, ja niin edelleen. Tällaisen tietouden laajuus on rajaton joten oppimiselle ei ole loppua. Hengellisten asioiden oppiminen ei ole kuitenkaan vaikeaa tai tylsää niin kuin jotkut tämän maan opiskelut. Mitä enemmän sinä opit, sitä valaistuneemmaksi ja ihmestyneeksi sinä muutut, ja tämä tekee oppimisesta yhä ihmeellisempää.

Ihmiset jotka omaavat puhtaan ja nöyrän sydämen voivat kommunikoida Jumalan kanssa ja saada hengellistä tietoutta jopa tässä maailmassa. Jotkut näistä ihmisistä näkevät hengellisen maailman sillä heidän hengelliset silmänsä ovat avatut. Jotkut ihmiset voivat ymmärtää hengellisiä asioita Pyhän Hengen johdattamina. He voivat oppia uskosta tai rukousvastauksia koskevista säännöistä niin, että he voivat kokea hengelle kuuluvan Jumalan voiman jopa tässä maallisessa maailmassa ollessaan.

Sinusta tulee virkistyneempi ja onnellisempi jos sinä voit oppia näistä hengellisistä asioista ja kokea ne maallisessa maailmassa asuessasi. Kuinka paljon onnellisempi ja iloisempi sinä oletkaan kun saat opetella hengellisiä asioita keskellä taivaan Odotuspaikkaa!

## Tämän Maailman Uutisten Kuuleminen

Minkälaista elämää ihmiset elävät taivaan Odotuspaikassa? He elävät aidossa rauhassa ja odottavat pääsevänsä taivaan ikuisiin koteihinsa. Heiltä ei puutu mitään ja he nauttivat onnellisuudesta ja ilosta. He eivät haaskaa aikaansa vaan oppivat lisää asioita enkeleiltä ja profeetoilta.

Heidän keskuudestaan osoitetaan johtajia ja he elävät järjestyksenomaisesti. He eivät saa tulla käymään tässä maassa, joten he ovat jatkuvasti uteliaita kuulemaan mitä täällä tapahtuu. He eivät ole uteliaita maallisia asioita kohtaan vaan he haluavat tietää asioita jotka liittyvät Jumalan valtakuntaan, kuten: "Mitä kuuluu kirkolle jossa minulla oli tapana käydä? Kuinka suuren osan velvollisuuksistaan kirko on täyttänyt? Kuinka maailmanlaajuinen lähetystyö sujuu?"

Joten he ovat hyvin mielissään kuullessaan uutisia maailmasta joko enkeleiltä, jotka voivat käydä tässä maailmassa, tai Uuden Jerusalemin profeetoilta.

Jumala paljasti minulle kerran asioita eräistä kirkkoni jäsenistä jotka olivat sillä hetkellä taivaan Odotuspaikassa. He rukoilivat eri paikoissa odottaen saavansa kuulla uutisia kirkostani. He olivat erityisen kiinnostuneita kuulemaan kirkkoni saamista velvollisuuksista joihin lukeutuivat maailmanlaajuinen lähetystyö sekä Suuren Pyhätön rakentaminen. He ovat hyvin onnellisia kuullessaan hyviä uutisia. Joten he ovat niin innostuneita ja tyytyväisiä että he pitävät juhlat kuullessaan uutisia Jumalan kirkastamisesta ulkomaisten ristiretkien kautta.

Ihmiset taivaan Odotuspaikassa viettävät onnellista ja iloista elämää, kuullen joskus uutisia tästä maailmasta.

## Taivaan Odotuspaikassa on Tarkka Järjestys

Ihmiset astuvat taivaassa eri paikkoihin Tuomion päivän

jälkeen riippuen heidän uskonsa määrästä. He kaikki odottavat samassa Odotuspaikassa mutta myös siellä vallitsee tarkka järjestys. Ihmiset joilla on vähemmän uskoa osoittavat päätä kumartamalla kunnioituksensa niitä kohtaan joilla on sitä enemmän. Hengellistä järjestystä ei päätetä tässä maailmassa omattujen asemien perusteella vaan sen mukaan kuinka pyhittynyt ihminen on ja kuinka uskollisesti hän on täyttänyt Jumalan hänelle asettamat velvollisuutensa.

Järjestystä ylläpidetään tarkasti sillä vanhurskas Jumala hallitsee maailmaa. Koska järjestys päätetään jokaisen uskovan valon kirkkauden, hyvyyden määrän ja rakkauden mukaan, ei kukaan voi tästä valittaa. Taivaassa jokainen noudattaa hengellistä järjestystä, sillä siellä olevien pelastettujen mielissä ei ole mitään pahaa.

Tämänkaltaisen järjestyksen ja eriasteisen kirkkauden tarkoitus ei ole tarkoitettu tuovan pakotettua kuuliaisuutta. Tämä tulee vain aidoista ja vilpittömistä sydämistä lähtöisin olevasta rakkaudesta ja kunnioituksesta. Joten taivaan Odotuspaikassa ihmiset kunnioittavat sydämillään kaikkia niitä jotka ovat heidän edellään, ja he osoittavat kunnioituksensa näitä kohtaan kumartamalla päänsä, sillä he tuntevat luonnostaan heidän välisen hengellisen eron.

## Ihmiset Jotka Eivät Oleskele Odotuspaikassa

Kaikki ihmiset jotka astuvat taivaan asuinsijoihinsa Tuomiopäivän jälkeen ovat tällä hetkellä Paratiisin reunalla taivaan Odotuspaikassa. Tähän on kuitenkin eräitä poikkeuksia. Ne, joiden määränpää on Uusi Jerusalem, taivaan kaunein paikka, saavat astua suoraan Uuteen Jerusalemiin ja auttaa siellä Jumalaa työssään. Tämänkaltaiset ihmiset, joilla on Jumalan sydän joka on kirkas ja kaunis kuin kristalli, asuvat Jumalan erityisrakkauden ja huolenpidon alla.

## Uudessa Jerusalemissa He Auttavat Jumalan Työssä

Missä meidän uskomme esi-isät, pyhitetyt ja uskolliset koko Jumalan talossa, asuvat tällä hetkellä? Missä ovat Elia, Eenok, Aabraham, Mooses ja apostoli Paavali? Ovatko he Paratiisin reunalla, taivaan Odotuspaikassa? Eivät, sillä he ovat täysin pyhitettyjä ja he ovat täysin Jumalan sydämen kaltaisia, ja siksi he asuvat jo Uudessa Jerusalemissa. He eivät voi kuitenkaan vielä asua ikuisissa ja kunnioitusta herättävissä asuinsijoissaan, sillä Tuomiopäivä ei ole vielä koittanut.

Missä he sitten asuvat Uudessa Jerusalemissa ollessaan? Uudessa Jerusalemissa, joka on 1500 mailia leveä, korkea ja syvä, sijaitsee muutama hengellinen paikka jotka ovat eri ulottuvuuksissa. Siellä on paikka Jumalan Valtaistuimelle, paikka jossa rakennetaan asuinsijoja, sekä paikkoja joissa jo Uuteen Jerusalemiin astuneet uskon esi-isät työskentelevät Herran kanssa.

Uudessa Jerusalemissa jo odottavat uskon esi-isät odottavat päivää jolloin he voivat astua ikuisiin asuinsijoihinsa. He auttavat Herraa Jumalan työssä Herran valmistaessa meille asuisijojamme. Syy siihen, että he yhä odottavat kaivaten pääsyä asuisijoihihinsa, on se, että he voivat astua näihin sisään vasta Jeesuksen Toisen tulemuksen, Seitsenvuotisen Hääjuhlan, ja maanpäällisen vuosituhannen jälkeen.

Apostoli Paavali, joka oli täynnä kaipausta taivaaseen, tunnusti seuraavanlaisesti jakeissa 2. Tim 4:7-8:

*Minä olen hyvän kilvoituksen kilvoitellut, juoksun päättänyt, uskon säilyttänyt. Tästedes on minulle talletettuna vanhurskauden seppele, jonka Herra, vanhurskas tuomari, on antava minulle sinä päivänä, eikä ainoastaan minulle, vaan myös kaikille, jotka hänen ilmestymistään rakastavat.*

Niillä, jotka kamppailevat hyvän puolesta ja odottavat Herran paluuta, on varma toivo asuisijasta ja palkkioista taivaassa. Tämänkaltainen toivo ja usko voi kasvaa sitten kun sinä tiedät enemmän hengellisestä maailmasta, ja tämä on se syy miksi minä kerron taivaasta yksityiskohtaisesti.

Eedenin puutarha Toisessa taivaassa tai Odotuspaikka Kolmannessa taivaassa ovat kauniimpia kuin tämä maailma, mutta nekin kalpenevat kauneudessa verrattuna Jumalan Valtaistuimen sisältävän Uuden Jerusalemin kirkkauteen ja loistoon.

Joten minä rukoilen Herran nimessä, että sinä et vain kiiruhtaisi kohti Uutta Jerusalemia omaten apostoli Paavalin kaltaisen uskon ja toivon, vaan että sinä myös johdattaisit useita sieluja kohti pelastusta levittämällä evankeliumia siitä huolimatta, että tämä saattaa vaatia henkesi.

# Luku 3

## Seitsenvuotinen Hääjuhla

*Autuas ja pyhä on se, jolla on osa ensimmäisessä*
*ylösnousemuksessa; heihin ei toisella kuolemalla ole*
*valtaa, vaan he tulevat olemaan Jumalan ja Kristuksen*
*pappeja ja hallitsevat hänen kanssaan ne tuhannen*
*vuotta.*

*- Ilmestyskirja 20:6*

Ennen kuin sinulle annetaan sinun palkkiosi ja sinä aloitat ikuisen elämäsi sinun tulee käydä läpi Valkean Valtaistuimen Tuomio. Suurta Tuomiopäivää tulee edeltämään Herran Toinen tuleminen taivaan halki, Seitsenvuotinen hääjuhla, Herran paluu maahan sekä uusi Vuosituhat.

Kaiken tämän Herra on valmistanut lohduttaakseen Hänen lapsiaan jotka pitivät uskonsa tämän maan päällä sekä antaakseen heidän maistaa taivasta.

Joten ne, jotka uskovat Herran Toiseen tulemiseen ja jotka toivovat kohtaavansa Hänet joka on meidän sulhasemme, odottavat innolla Seitsenvuotista hääjuhlaa sekä Vuosituhatta. Raamattuun kirjattu Herran sana on totta, ja sen ennustukset ovat toteutumassa tänäkin päivänä.

Sinun tulee olla viisas uskova ja tehdä parhaasi valmistaaksesi itsesi Hänen morsiamekseen, ymmärtäen että Herran päivä tulee kuin varas ja että sinä lankeat kuolemaan jos sinä et ole hereillä ja elä Jumalan sanan mukaisesti

Tutkikaamme yksityiskohtaisesti niitä ihmeellisiä asioita joita Jumalan lapset tulevat kokemaan ennenkuin he astuvat taivaaseen joka on kaunis ja kirkas kuin kristalli ikään.

## Jeesuksen Paluu ja Seitsenvuotinen Hääjuhla

Apostoli Paavali kirjoittaa Room. 10:9 seuraavasti. *"Sillä jos sinä tunnustat suullasi Jeesuksen Herraksi ja uskot sydämessäsi, että Jumala on hänet kuolleista herättänyt, niin sinä pelastut."* Sinun ei tule vain tunnustaa että Jeesus on Pelastajasi vaan myös uskoa sydämessäsi että Hän kuoli syntiesi puolesta jotta sinä tulisit pelastetuksi.

Sinä et voi uskoa Jeesuksen Toisen tulemisen jälkeiseen omaan ylösnousemukseesi jos et kerran usko Jeesuksen ylösnousemukseen. Sinä et voi edes uskoa Herran itsensä takaisinpaluuseen. Sinä et voi saada pelastusta jos sinä et voi uskoa taivaan ja helvetin olemassaoloon ja siten saa voimaa elää Jumalan sanan mukaisesti.

### Kristillisen Elämän Lopullinen Päämäärä

1. Korinttolaiskirje 15:19 kuuluu seuraavasti: *"Jos olemme panneet toivomme Kristukseen ainoastaan tämän elämän*

*ajaksi, niin olemme kaikkia muita ihmisiä surkuteltavammat.*"

Toisin kuin maailman ei-uskovaiset, Jumalan lapset menevät kirkkoon, osallistuvat jumalanpalveluksiin ja palvelevat Herraa sunnuntaisin useilla eri tavoilla. Usein he paastoavat ja rukoilevat vilpittömästi voidakseen elää Herran sanan mukaan oli se sitten aikaisin aamulla tai myöhään illalla siitä huolimatta että menettäisivät sen takia leponsa.

He eivät myöskään tavoittele omia etuaan vaan palvelevat muita ja uhraavat itsensä Jumalan valtakunnalle. Jos taivasta ei olisi, nämä uskovat olisivat kaikkein säälittävimpiä. On kuitenkin varmaa että Herra tulee takaisin viemään sinut taivaaseen, ja että Hän valmistelee sinulle kaunista asuinsijaa. Hän tulee palkitsemaan sinut sen mukaan mitä sinä olet kylvänyt ja tehnyt tässä maailmassa.

Jeesus sanoo Matteus 16:27:ssä *"Sillä Ihmisen Poika on tuleva Isänsä kirkkaudessa enkeliensä kanssa, ja silloin hän maksaa kullekin hänen tekojensa mukaan."* Tässä "tekojensa mukaan maksaminen" ei tarkoita ainoastaan joko taivaaseen tai helvettiin menemistä. Kirkkaus ja palkkiot vaihtelevat jopa taivaaseen menevien uskovien välillä sen mukaan kuinka he ovat eläneet tässä maailmassa.

Jotkut pelkäävät Herran tulevaa paluuta eivätkä he pidä siitä. On kuitenkin vain luonnollista kaivata ja odottaa Herran pikaista kohtaamista jos sinä todella rakastat Herraa ja unelmoit taivaasta. Ei voida sanoa että sinä todella rakastat Herraa jos sinä tunnustat suullasi "minä rakastan sinua, Herra", mutta samaan aikaan pelkäät tai kaihdat kuulla että Herra on palaamassa pian maan päälle.

Joten sinun tulisi vastaanottaa Herra, sinun ylkäsi, ilolla, ja odottaa Hänen Toista tulemistaan malttamattomin sydämin ja valmistaa itseäsi hänen morsiamekseen.

## Herran Toinen Tuleminen Taivaasta

1. Tessalonikalaiskirje 4:16-17 kuuluu seuraavasti: *"Sillä itse Herra on tuleva alas taivaasta käskyhuudon, ylienkelin äänen ja Jumalan pasunan kuuluessa, ja Kristuksessa kuolleet nousevat ylös ensin; sitten meidät, jotka olemme elossa, jotka olemme jääneet tänne, temmataan yhdessä heidän kanssaan pilvissä Herraa vastaan yläilmoihin; ja niin me saamme aina olla Herran kanssa."*

Jokainen Jumalan lapsi siirtyy taivaalliseen kehoonsa ja hänet temmataan taivaaseen Herraa vastaanottamaan Hänen palatessa takaisin ilmojejen halki. On kuitenkin olemassa ihmisiä jotka ovat kuolleet mutta jotka pelastuivat. Heidän ruumiinsa on haudattu maahan mutta heidän henkensä odottavat Paratiisissa. Me kutsumme tällaisia henkilöitä "Herrassa nukkuviksi." Heidän henkensä yhdistyvät taivaallisten kehojen kanssa jotka siirrettiin heidän vanhoista, haudatuista ruumiistaan. Heitä seuraavat ne, jotka vastaanottavat Herran kokematta kuolemaa, vaihtavat hengelliseen kehoonsa ja tempautuvat taivaaseen.

### Herra Järjestää Hääjuhlat Taivaassa

Herran palatessa taivaan halki kaikki luomisen jälkeen pelastuneet ihmiset vastaanottavat Hänet heidän ylkänään.

Tällöin Jumala aloittaa Seitsenvuotisen hääjuhlan lohduttaakseen lapsiaan jotka pelastuivat uskon kautta. He saavat vastaanottaa palkkionsa taivaassa myöhemmin, mutta tällä hetkellä Jumala silti pitää nämä juhlat taivaassa lohduttaakseen lapsiaan.

Mitä kuningas tekee kun kenraali palaa takaisin voitokkaana? Hän palkitse kenraalin runsaasti tämän ansiokkaan palveluksen johdosta. Kuningas saattaa antaa hänelle talon, maata ja rahapalkintoja, ja hän saattaa järjestää juhlat juhlistaakseen kenraalin palveluja.

Samalla tavalla Jumala antaa Hänen lapsilleen Suuren Tuomiopäivän jälkeen asuinsijan ja palkintoja taivaassa. Ennen sitä Hän järjestää myös hääjuhlat antaakseen lastensa pitää hauskaa ja voidakseen jakaa näiden ilon. Vaikka kaikkien tässä maailmassa tekemät teot Jumalan valtakunnan edestä ovat erilaisia, Hän järjestää nämä juhlat vain juhlistaakseen sitä että kaikki nämä lapset ovat tulleet pelastetuiksi.

Missä on sitten tämä "taivas" jossa tämä Seitsenvuotinen hääjuhla järjestetään? Tämä "taivas" ei tarkoita meidän silmillämme nähtävää taivasta. Jos näin olisi, niin kaikkien näiden pelastuneiden ihmisten tulisi nauttia juhlasta taivaalla kelluen. Niin monet ihmiset ovat pelastuneet luomisen päivistä lähtien että he kaikki eivät myöskään mahtuisi tämän maan taivaalle.

Tämä hääjuhla on myös tarkasti suunniteltu ja valmisteltu, sillä itse Jumala järjestää sen lohduttaakseen lapsiaan. On olemassa paikka jonka Jumala on pitnyt valmiina jo kauan aikaa. Tämä paikka on "taivas" jonka Jumala on valmistanut Seitsenvuotista hääjuhlaa varten, ja tämä tila sijaitsee Toisessa

Taivaassa.

## "Taivas" Kuuluu Toiseen Taivaaseen

Efesolaiskirje 2:2 puhuu ajoista, *"joissa te ennen vaelsitte tämän maailman menon mukaan, ilmavallan hallitsijan, sen hengen hallitsijan, mukaan, joka nyt tekee työtään tottelemattomuuden lapsissa."* Joten "taivas" on myös paikka jossa valta kuuluu pahoille hengille.

Paikka, jossa Seitsenvuotinen hääjuhla järjestetään ja paikka, jossa pahat henget oleskelevat ei ole kuitenkaan sama. Syy siihen, että molemmista käytetään sanaa "taivas", on että molemmat näistä kuuluvat Toiseen Taivaaseen. Myöskään Toinen Taivas ei muodostu vain yhdestä alueesta vaan se on jaettu eri osiin. Joten paikka, jossa Hääjuhlat järjestetään, ja paikka, jossa pahat henget oleskelevat, ovat toisistaan erillään.

Jumala teki uuden hengellisen maailman jota kutsutaan Toiseksi Taivaaksi ottamalla osan koko hengellisestä maailmasta. Sitten Hän jakoi sen kahteen osaan. Yksi osa on Eeden, joka on Jumalalle kuuluva valon alue, kun taas toinen osa on pimeyden osa jonka Jumala on antanut pahoille hengille.

Jumala loi Eedenin puutarhan jossa Aatami asui ennen ihmisten kasvatuksen alkamista Eedenin puutarhasta itään. Jumala otti Aatamin ja asetti hänet tähän puutarhaan. Jumala antoi myös pimeyden alueen pahoille hengille ja salli näiden pysyä siellä. Pimeyden alue ja Eeden ovat tiukasti erotettuja.

## Seitsenvuotisen Hääjuhlan Pitopaikka

Missä Seitsenvuotinen hääjuhla sitten pidetään? Eedenin puutarha on vain yksi osa Eedeniä ja siellä on useita muitakin paikkoja. Jumala on tehnyt tilaa yhteen näistä paikoista Seitsenvuotista hääjuhlaa varten. Paikka jossa Seitsenvuotinen hääjuhla pidetään on paljon kauniimpi kuin Eedenin puutarha. Siellä on paljon kauniita kukkia ja puita. Useat eri värit loistavat kirkkaasti, ja sanoinkuvaamaton kauneus ja puhdas luonto ympäröivät tätä paikkaa.

Tämä paikka on myös niin laaja, että kaikki luomisen päivistä lähtien pelastetut mahtuvat juhlimaan sinne yhdessä. Siellä on erittäin suuri linna joka on tarpeeksi suuri majoittamaan kaikki juhliin kutsutut. Juhlat pidetään tässä linnassa ja siellä tullaan kokemaan kuvittelemattoman ilon hetkiä. Minä tahtoisin nyt kutsua sinut tähän linnaan Seitsenvuotista hääjuhlaa varten. Minä toivon että sinä saisit tuntea Herran morsiamena olemisen ilon Hänen ollessa pitojen kunniavieras.

## Herran Kohtaaminen Kirkkaassa ja Kauniissa Paikassa

Saapuessasi juhlasaliin sinua kohtaa kirkkailla valoilla täytetty huone joka on niin ihmeellinen ettet sinä ole ikinä nähnyt mitään vastaavaa. Sinusta tuntuu kuin kehosi olisi höyheniäkin kevyempi. Laskeutuessasi pehmeästi vihreälle ruoholle sinä et näe mitä on ympärilläsi sillä uskomattoman kirkkaat valot häikäisevät sinua aluksi. Sitten sinä näet taivaan ja järven

53

jotka ovat niin puhtaita ja koskemattomia että ne häikäisevät silmiäsi. Tämä järvi loistaa kuin jalokivi joka kerta kun laineet välkähtävät, loistaen kauniissa väreissään.

Kaikki neljä seinämää ovat kukkien peitossa ja vihreät metsät ympäröivät koko aluetta. Kukat huojuvat edestakaisin ikään kuin tervehtien, ja sinä haistat tuoksuja jotka ovat niin yltäkylläisiä, kauniita ja suloisia, ettet sinä ole koskaan kokenut mitään vastaavaa. Pian moniväriset linnut tulevat luoksesi ja toivottavat sinut tervetulleiksi laulullaan. Koska järven vesi on niin kirkasta että sinä voit nähdä mitä sen pinnan alla tapahtuu, sinä voit nähdä kuinka järvessä uivat uskomattoman kauniit kalat pistävät päänsä vedenpinnan yläpuolelle ja toivottavat sinut tervetulleeksi

Jopa ruoho jonka päällä sinä seisot on pumpulin pehmeää. Tuuli kietoutuu lempeästi ympärillesi ja heiluttaa hieman vaatteitasi. Tuolla hetkellä voimakas valo osuu silmiisi ja sinä näet yhden henkilön seisovan tämän valon keskellä.

## Herra Syleilee Sinua, Sanoen "Morsiameni, Minä Rakastan Sinua"

Lempeä hymy kasvoillaan ja käsivarret avoinna Hän kutsuu sinua astumaan eteenpäin. Lähestyttyäsi Häntä Hänen kasvonsa tulee selvästi näkyviin. Vaikka sinä näetkin Hänen kasvonsa ensimmäistä kertaa sinä tiedät kuka Hän on. Hän on Herra Jeesus, sinun ylkäsi, jota sinä rakastat ja ketä sinä olet odottanut koko tämän ajan. Tässä vaiheessa kyyneleet alkavat valua pitkin poskiasi. Sinä et voi pysäyttää kyyneleitäsi sillä sinä muistat sen ajan kun sinua kasvatettiin tämän maan päällä.

Nyt sinä olet kasvotusten Herran kanssa jonka seurassa sinä menestyt maailmassa vaikeimpinakin aikoina kohdatessasi vainoja ja koettelemuksia. Herra tulee luoksesi, painaa sinut Hänen rintaansa vasten ja sanoo sinulle, "Morsiameni, minä olen odottanut tätä päivää. Minä rakastan sinua." Tämän kuultuasi lisää kyneliä valuu pitkin poskiasi. Sitten Herra pyyhkii kyyneleesi lempeästi pois ja syleilee sinua tiukemmin. Katsoessasi Hänen silmiinsä sinä voit tuntea Hänen sydämensä. "Minä tiedän sinusta kaiken. Minä tiedän kaikki kyyneleesi ja kipusi. Vain onnellisuus ja ilo tulevat olemaan olemassa."

Kuinka kauan sinä olet odottanut tätä hetkeä? Ollessasi Hänen käsivarsillaan sinä ole täydessä rauhassa, ja ilo ja yltäkylläisyys täyttävät koko kehosi.

Nyt sinä kuulet pehmeän, syvän ja kauniin ylistyksen äänen. Sitten Herra ottaa sinua kädestä ja johdattaa sinut paikkaan josta tämä ylistys on lähtöisin.

### Hääjuhlan Sali On Täynnä Värikkäitä Valoja

Hetkeä myöhemmin sinä näet loistavan ja kirkkaan linnan joka on ihmeellinen ja kaunis. Seistessäsi linnan portin edessä se aukeaa hiljaa, paljastaen sisältä tulevan kirkkaan valon. Sinä menet sisälle linnaan Herran kanssa ikäänkuin valon puoleensavetämänä. Täällä on sali joka on niin suuri, ettet sinä et edes pysty näkemään sen toiseen päätyyn asti. Sali on koristeltu kauniilla koristeilla ja esineillä, ja se on täynnä kirkkaita ja värikkäitä valoja.

Ylistys kuuluu nyt selvemmin ja se kiertää pehmeästi koko salin. Lopulta Herra julistaa voimakkaalla äänellään Hääjuhlan alkaneen. Seitsenvuotinen hääjuhla alkaa, ja sinusta tuntuu kuin tämä kaikki olisi unta.

Tunnetko sinä onnellisuutta tällä hetkellä? Tietenkin, eivät kaikki juhlaan päässeet voi olla tällä tavoin Herran kanssa. Vain ne, jotka ovat ansainneet sen, saavat seurata Häntä läheltä ja tulla Hänen syleilemäksi.

Joten sinun pitäisi valmistaa itsesi morsiamena ja ottaa osaa Herran pöydän antimiin. Mutta vaikka kaikki eivät saakaan pitää Herraa kädestä, he silti tuntevat samaa onnellisuutta ja täyteyttä.

## Iloisista Hetkistä Nauttiminen Laulaen ja Tanssien

Hääjuhlan alettua sinä laulat ja tanssit Herran kanssa juhlistaen Isä Jumalan nimeä. Sinä tanssit Herran kanssa ja puhut tämän maailman ajoista tai taivaasta johon sinä olet matkalla.

Sinä puhut myös Isä Jumalan rakkaudesta ja ylistät Häntä. Sinä voit käydä ihastuttavia keskusteluja ihmisten kanssa joiden seuraa sinä olet kaivannut kauan aikaa.

Juhla jatkuu sinun nauttiessasi suussasulavista hedelmistä ja juodessasi Isän Valtaistuimesta virtaavaa Elämän Vettä. Sinun ei tarvitse kuitenkaan pysyä linnassa koko seitsemän vuoden ajan. Ajoittain sinä poistut linnasta ja nautit riemukkaista hetkistä.

Mitkä onnelliset tapahtumat ja aktiviteetit sitten odottavat sinua linnan ulkopuolella? Sinä voit viettää aikaa nauttien ympäröivästä luonnosta ystävystyen puiden, kukkien ja lintujen kanssa. Sinä voit kävellä rakkaimpiesi kanssa pitkin kauniilla kukilla koristeltuja teitä pitkin ja sinä voit puhua heidän kanssaan tai joskus ylistää Herraa laulaen ja tanssien. Sinä voit myös nauttia useista asioista suurilla aukeilla. Ihmisest voivat esimerkiksi veneillä järvellä rakkaimpiensa janssa tai itse Herran kanssa. Sinä voit mennä uimaan tai nauttia monenlaisista huvituksista ja peleistä. Jumalan huolehtiva rakkaus ja huolenpito suo sinulle monia asioita jotka tuottavat sinulle kuvittelemattomia iloja ja riemun hetkiä.

Yhtäkään valoa ei sammuteta Seitsenvuotisen hääjuhlan aikana. Eeden on valon alue eikä siellä tietenkään ole yötä. Sinun ei tarvitse nukkua ja levätä Eedenissä niinkuin sinun pitää maan päällä. Huolimatta siitä kuinka kauan aikaa sinä nautit olostasi sinä et koskaan väsy, vaan päinvastoin sinä muutut iloisemmaksi ja onnellisemmaksi.

Tämän tähden sinä et huomaa ajan kulumista, ja seitsemän vuotta kuluvat kuin seitsemän päivää tai jopa seitsemän tuntia. Vaikka sinun vanhempasi, lapsesi tai sisaruksesi eivät olisikaan tulleet temmatuiksi vaan he kärsisivät Suuressa kärsimyksessä, sinun aikasi kuluu ilossa ja onnellisuudessa niin nopeasti ettet sinä edes ajattele heitä.

## Yhä Suurempi Pelastuksesta Kiittäminen

Eedenin puutarhassa ja Hääjuhlissa olevat ihmiset voivat nähdä toisensa vaikkeivat he saakaan vierailla toistensa luona. Myös pahat henget voivat seurata Hääjuhlia ja sinä voit nähdä nekin. Pahan omat eivät voi tietenkään edes ajatella lähestyvänsä pitopaikkaa, mutta siitä huolimatta sinä voit nähdä ne. Nämä pahat henget kärsivät kovasti nähdessään pidot ja sen vieraiden onnellisuuden. Se, että ne eivät voi viedä yhtä ihmistä lisää helvettiin vaan joutuvat luovuttamaan ihmiset Jumalalle Hänen lapsikseen tuottaa niille suurta tuskaa.

Katsellessasi pahoja henkiä sinä muistat kuinka kovasti ne ovat yrittäneet raadella sinua kuin leijona ikään sinun ollessasi tässä maassa kasvatettavana.

Tällöin sinä tulet yhä kiitollisemmaksi Isä Jumalan armosta sekä Herrasta ja Pyhästä Hengestä jotka suojelivat sinua pahuuden voimilta ja johdattivat sinut tulemaan Jumalan lapseksi. Sinun kiitollisuutesi kasvaa myös niitä kohtaan jotka auttoivat sinua kulkemaan elämän tietä.

Joten Seitsenvuotinen hääjuhla ei ole pelkästään hetki jolloin sinä voit levätä ja jolloin sinua lohdutetaan sen kivun tähden jota olet kokenut maan päällä kasvatettavana ollessasi, vaan se on myös hetki, jolloin sinua muistutetaan tämän maan ajoista ja jolloin sinä olet kiitollisempi Jumalan rakkaudesta.

Sinä myös ajattelet taivaassa odottavaa ikuista elämää joka tulee olemaan paljon Seitsenvuotista hääjuhlaa ihastuttavampi. Seitsenvuotisen hääjuhlan ihanuutta ei voida edes verrata taivaan ihanuuteen.

## Suuri Seitsenvuotinen Ahdistus

Onnellisen hääjuhlan jatkuessa taivaassa maan päällä alkaa Seitsenvuotinen ahdistus. Suurin osa maailmaa tuhoutuu ja enemmistö ihmisistä kuolee tämän ahdistuksen aikana joka on niin suuri, ettei sellaista ole ikinä ollut eikä tule tämän jälkeen ikinä olemaan.

Osa näistä ihmisistä tietenkin pelastuu "korjuujätteiden" pelastuksen kautta. Monet jätetään tähän maahan Herran Toisen tulemisen jälkeen sen tähden, etteivät he joko uskoneet ollenkaan tai he eivät uskoneet tarpeeksi. He kuitenkin pelastuvat jos he katuvat Seitsenvuotisen ahdistuksen aikana ja tulevat marttyyreiksi. Tätä kutsutaan "korjuujätteiden" pelastukseksi.

Marttyyriksi tuleminen Seitsenvuotisen ahdistuksen aikana ei ole kuitenkaan helppoa. Useimmat heistä kuitenkin päätyvät kieltämään Herran antikristuksen julman kidutuksen ja vainon tähden, ja hän pakottaa heidät ottamaan "666" merkin siitä huolimatta että he aluksi päättivätkin tulla marttyyreiksi.

Aluksi he yleensä taistelevat merkin ottamista vastaan sillä he tietävät kuuluvansa Saatanalle merkin vastaanotettuaan. Ei ole kuitenkaan helppoa sietää kivuliasta kidutusta.

Vaikka henkilö sietääkin kidutuksen, hänen on paljon vaikeampaa sietää perheensä kidutusta. Tämän tähden "korjuujätteiden" kautta pelastuminen on niin vaikeaa. Lisäksi se että ihmiset eivät voi saada Pyhältä Hengeltä apua tänä aikana tekee pelastuksesta yhä vaikeampaa.

Minä toivon ettei yksikään lukijoista joutuisi kokemaan Seitsenvuotista ahdistusta. Minä tahdon selittää sinulle Seitsenvuotisesta ahdistuksesta jotta sinä tietäisit että Raamattuun kirjatut lopunajan tapahtumat tapahtuvat ja tulevat tapahtumaan niinkuin on kirjoitettu.

Toinen syy tähän liittyy niihin, jotka jätetään maan päälle sen jälkeen kun Jumalan lapset on temmattu taivaaseen. Tosi uskovaisten mennessä taivaaseen nauttimaan Seitsenvuotisesta hääjuhlasta Suuri seitsenvuotinen ahdistus alkaa maan päällä.

## Marttyyrit Pelastuvat "Korjuujätteinä"

Niiden ihmisten joukossa jotka eivät tule temmatuksi taivaaseen tulee olemaan sellaisia jotka katuvat vääränlaista uskoaan Jeesukseen Kristukseen Hänen palattuaan pilvien halki.

Kirkon saarnaama Jumalan sana joka näyttää Jumalan voiman teot lopunaikoina on se, mikä ulee johdattamaan heidät "korjuujätteinä" pelastumiseen. He oppivat kuinka he tulevat pelastumaan, minkälaiset tapahtumat tulevat tapahtumaan, ja kuinka kuinka heidän tulisi reagoida Jumalan sanan ennustamiin maailmantapahtumiin.

Joten on olemassa ihmisiä jotka todella katuvat Jumalan edessä ja jotka tulevat pelastetuiksi marttyyriuden kautta. Tätä kutsutaan "korjuujätteiden" pelastumiseksi. Israelilaiset kuuluvat luonnollisesti tähän joukkoon. He tulevat kuulemaan "ristin sanomasta" ja ymmärtämään, että Jeesus jonka he eivät tunnistaneet olevat Messias, on todellakin Jumalan Poika ja koko ihmiskunnan pelastaja. Sitten he tulevat katumaan ja olemaan osa "korjuujätteiden" pelastumista. He kokoontuvat kasvaakseen yhdessä uskossaan, ja osa heistä tulee tietoiseksi Jumalan sydämestä ja he tulevat marttyyreiksi päästäkseen taivaaseen.

Täten Jumalan sanan selvästi selittävät kirjoitukset eivät ole hyödyllisiä ainoastaan parantaakseen monen uskovan uskoa mutta niillä on myös tärkeä rooli niille, jotka eivät tule temmatuiksi taivaaseen. Joten sinun tulee ymmärtää kuinka ihmeellisiä ovat ne armo ja rakkaus jotka kuuluvat Jumalalle joka pitää kaikessa huolen niistä jotka tulevat pelastetuiksi Herran toisen tulemisen jälkeen.

# Vuosituhat

Seitsenvuotisen hääjuhlan jälkeen morsiamet palaavat takaisin maan päälle ja he hallitsevat Herran kanssa tuhat vuotta (Ilmestyskirja 20:4). Palatessaan tänne takaisin Herra puhdistaa maan. Hän puhdistaa ensin ilman ja kaunistaa sitten koko luonnon.

### Vierailu Ympäri Uudelleen Puhdistettua Maata

Aivan kuten vastikään naimisiin mennyt aviopari, sinäkin käyt vierailuilla Herran sinun ylkäsi kanssa Seitsenvuotisen hääjuhlan jälkeisen vuosituhannen aikana. Missä sinä sitten haluat vierailla kaikista eniten?

Jumalan lapset, Herran morsiamet, tahtovat vierailla ympäri maailmaa, sillä pian he jättävät sen taakseen. Vuosituhannen jälkeen Jumala tulee siirtämään toisaalle kaiken Ensimmäiseen Taivaaseen kuuluvan, kuten maan, jossa ihmisten kasvatus tapahtui, sekä auringon ja kuun.

Joten Seitsenvuotisen hääjuhlan jälkeen Isä Jumala tulee koristelemaan maan kauniisti ja Hän antaa sinun hallita sitä Herran kanssa tuhannen vuoden ajan ennen kuin Hän siirtää sen muualle. Tämä on ennaltasuunniteltu prosessi joka kuuluu Jumalan suunnitelmiin jotka alkoivat Hänen luodessa kaiken maan ja taivaan välillä kuudessa päivässä Hänen levätessä seitsemäntenä päivänä. Osaksi tämä tapahtuu sen tähden ettet sinä olisi enää pahoillasi sen tähden että joudut jättämään maan jos olet hallinut sitä Herran kanssa tuhannen vuoden ajan. Sinä tulet nauttimaan ihastuttavista ajoista hallitessasi uudelleen kaunistettua maailmaa Herran kanssa tuhannen vuoden ajan. Sinä tunnet onnea ja riemua jollaista et ole aikaisemmin kokenut vieraillessasi paikoissa joissa et ole aikaisemmin käynyt.

## Tuhat Vuotta Hallitseminen

Tänä aikana ei ole Saatana tai paholaista. Aivan kuten Eedenin puutarhankin elämässä, niin myös tässä mukavassa ympäristössä on vain rauhaa ja lepoa. Pelastetut ihmiset ja Herra elävät tässä maassa mutta he eivät elä yhdessä niiden lihallisten ihmisten kanssa jotka selviytyivät Suuresta ahdistuksesta. Pelastetut ja Herra tulevat asumaan erillisessä paikassa joka on kuin kuninkaallinen palatsi tai linna. Toisin sanoen, hengelliset ihmiset tulevat elämään linnan sisällä, kun taas lihalliset tulevat elämään linnan ulkopuolella. Tämä johtuu siitä että hengelliset ja lihalliset kehot eivät voi olla kovin kauan aikaa yhdessä samassa paikassa.

Hengelliset ihmiset ovat jo vaihtaneet hengellisiin kehoihinsa ja heillä on ikuinen elämä. He voivat elää vaikkapa pelkkiä kukkien tuoksuja haistellen vaikka joskus he voivatkin syödä ollessaan yhdessä lihallisten ihmisten kanssa. He eivät kuitenkaan ulosta niinkuin lihalliset ihmiset. Vaikka he söisivätkin maallista ruokaa se vain haihtuisi ilmaan heidän hengityksensä mukana.

Lihalliset ihmiset tulevat keskittymään väkiluvun kasvattamiseen, sillä Suuri seitsenvuotinen ahdistus ei tule jättämään monia ihmisiä henkiin. Tähän aikaan ei ole olemassa tauteja tai pahaa, sillä ilma on puhdasta ja Saatana-vihollinen ja paholainen eivät ole siellä. Epävanhurskaus ja ihmisluonteen pahuus eivät käytä vaikutusvaltaansa, sillä Saatana-vihollinen ja paholainen jotka hallitsevat pahuutta ovat vangittuina pohjattomassa aukossa, Syvyydesssä (Ilmestyskirja 20:3). Maa tulee myös täytetyksi ihmisillä sillä kuolemaa ei ole olemassa.

Mitä lihalliset ihmiset sitten syövät? Aatamin ja Eevan eläessä Eedenin puutarhassa he söivät vain hedelmiä ja siemeniä kantavia kasveja (Genesis 1:29). He alkoivat syödä peltokasveja sen jälkeen kun he rikkoivat Jumalan käskyä ja heidät ajettiin ulos Eedenin puutarhasta (Genesis 3:18). Maailma muuttui pahemmaksi Nooan vedenpaisumuksen jälkeen, ja Jumala salli ihmiskunnan syödä lihaa. Sinä voit huomata että mitä pahemmaksi maailma muuttui, sitä pahempaa ruokaa ihmiset söivät.

Tuhannen vuoden aikana ihmiset syövät peltojen satoja tai puiden hedelmiä. He eivät syö mitään lihaa Nooan tulvaa edeltävien ihmisten tavoin, sillä pahuutta tai tappamista ei ole olemassa. Ihmiset palaavat alkukantaisempiin elämäntapoihin, ja he lisääntyvät Jumalan kaunistaman maan päällä sillä kaikki sivilisaatiot ovat tuhoutuneet Suuren ahdistuksen sotien aikana. He aloittavat uudelleen puhtaassa luonnossa joka on saastumaton, rauhaisa ja kaunis.

Nykyajan modernia sivilisaatiota ei voida saavuttaa parin

vuosisadan aikana siitä huolimatta että ihmiset olisivatkin
kokeneet kehittyneen sivilisaation ja omanneet paljon tietoutta
ennen Suuren ahdistuksen alkua. Ajan kuluessa ihmiset saattavat
saada viisautensa kerätyksi ja saavuttaa nykytason sivilisaation
Vuosituhannen loppuun mennessä.

## Sinut Palkitaan Taivaalla Tuomiopäivän Jälkeen

Kun tuhat vuotta on kulunut, Jumala tulee vapauttamaan
hetkeksi aikaa Saatana-vihollisen ja paholaisen jotka ovat olleet
vangittuina pohjattomassa Syvyydessä (Ilmestyskirja 20:1-
3). Herra itse hallitsee tätä maata johdattaakseen Suuresta
ahdistuksesta selviytyneet ja heidän jälkeläisensä ikuiseen
pelastukseen. Tästä huolimatta heidän uskonsa ei ole totista, ja
niin Jumala sallii Saatana-vihollisen ja paholaisen koetella heitä.

Monet lihalliset ihmiset tulevat paholais-vihollisen
harhauttamaksi, kulkien siten tuhon tielle (Ilmestyskirja 20:8).
Jumalan ihmisten on jälleen ymmärrettävä miksi Jumalan täytyi
luoda helvetti ja kuinka suuri on se rakkaus joka kuuluu Jumalalle
joka tahtoo todellisia lapsia ihmisten kasvatuksen kautta.

Hetkeksi aikaa vapaiksi lasketut pahat henget tullaan taas
heittämään pohjattomaan syvyyteen ja Valkean Valtaistuimen
Suuri Tuomio tulee tapahtumaan (Ilmestyskirja 20:12). Kuinka
Valkean Valtaistuimen Suuri tuomio tulee sitten tapahtumaan?

## Jumala Valvoo Valkean Valtaistuimen Tuomiota

Heinäkuussa 1982 minulle näytettiin yksityiskohtia Valkean Valtaistuimen Suuresta Tuomiosta rukollessani kirkon vihkimisen puolesta. Jumala näytti minulle kohtauksen jossa Hän punnitsee jokaisen. Isä Jumalan valtaistuimen edessä seisoi Herra sekä Mooses, ja kirkon ympärillä seisoi joukko ihmisiä jotka olivat lautamiehistön roolissa.

Jumala on täydellinen eikä Hän tee virheitä toisin kuin tämän maailman tuomarit. Silti Hän tuomitsee yhdessä Herran kanssa joka toimii rakkauden lähettiläänä, Mooseksen kanssa joka toimii lain syyttäjänä, sekä muiden ihmisten kanssa jotka toimivat lautamiehinä. Ilmestyskirja 20:11-15 kuvaa tavan jolla Herra tulee tuomitsemaan.

*"Ja minä näin suuren, valkean valtaistuimen ja sillä istuvaisen, jonka kasvoja maa ja taivas pakenivat, eikä niille sijaa löytynyt. Ja minä näin kuolleet, suuret ja pienet, seisomassa valtaistuimen edessä, ja kirjat avattiin; ja avattiin toinen kirja, joka on elämän kirja; ja kuolleet tuomittiin sen perusteella, mitä kirjoihin oli kirjoitettu, tekojensa mukaan. Ja meri antoi ne kuolleet, jotka siinä olivat, ja Kuolema ja Tuonela antoivat ne kuolleet, jotka niissä olivat, ja heidät tuomittiin, kukin tekojensa mukaan. Ja Kuolema ja Tuonela heitettiin tuliseen järveen. Tämä on toinen kuolema, tulinen järvi. Ja joka ei ollut elämän kirjaan kirjoitettu, se heitettiin tuliseen järveen."*

65

"Suuri, valkea valtaistuin" viittaa tässä Jumalan, joka on tuomari, Valtaistuimeen. Jumala istuu valtaistuimella joka on niin kirkas että se näyttää "valkealta", ja Hän tulee antamaan lopullisen tuomion rakkaudella ja vanhurskaudella, pitäen jyvät mutta lähettäen akanat helvettiin.

Tämän tähden tätä kutsutaan joskus Valkean Valtaistuimen Suureksi Tuomioksi. Jumalaa tuomitsee "elämän kirjan" mukaisesti johon on kirjoitettu niiden nimet jotka pelastuvat, sekä muiden kirjojen mukaan joihin on kirjattu jokaisen ihmisen teot.

## Ne Jotka Eivät Pelastu Lankeavat Helvettiin

Jumalan valtaistuimen edessä on elämän kirjan lisäksi muita kirjoja joihin on kirjattu kaikkien niiden ihmisen teot jotka eivät hyväksyneet Herraa tai omanneet todellista uskoa (Ilmestyskirja 20:12).

Syntymän ja sen hetken välisenä aikana jolloin Herra kutsuu ihmisten henkiä tehdyt teot kirjataan kaikki näihin kirjoihin. Esimerkiksi hyvien asioiden tekeminen, muiden kiroaminen tai lyöminen, ja toisiin ihmisiin vihastuminen ovat kaikki tekoja jotka kirjataan ylös enkeleiden käsien kautta.

Enkelit kirjoittavat muistiin näihin kirjoihin kaikki tapahtumat kaikkivaltiaan Jumalan käskystä samaan tapaan kuin sinä voit kirjata ja säilyttää tiettyjä keskusteluja ja tapahtumia ääni- ja kuvatallenteiden muodossa. Täten Valkean Valtaistuimen Suuri tuomio tulee tapahtumaan ilman virheitä. Miten tuomitseminen sitten tapahtuu?

Ne jotka eivät ole tulleet pelastetuiksi tuomitaan ensiksi.

Nämä ihmiset eivät voi tulla Jumalan eteen tuomittavaksi, sillä he eivät ole pyytäneet syntejään anteeksi. Heidät tuomitaan tuonelassa, helvetin Odotuspaikassa. Vaikka he eivät astukaan Jumalan eteen, heidän tuomitsemisensa tapahtuu yhtä tarkasti kuin jos se tapahtuisi itse Jumalan edessä.

Jumala tuomitsee syntisten joukosta ensiksi ne joiden synnit ovat raskaimmat. Sen jälkeen kun kaikki ne jotka eivät ole pelastuneet on tuomittu, he menevät joko tuliseen järveen tai palavaa tulikiveä sisältävään järveen jossa heitä rankaistaan ikuisesti.

### Pelastetut Saavat Palkintonsa Taivaassa

Pelastettujen palkitseminen alkaa sen jälkeen kun pelastumatta jääneiden ihmisten tuomitseminen on ohitse. Ilmestyskirja 22:12 lupaa, *"Katso, minä tulen pian, ja minun palkkani on minun kanssani, antaakseni kullekin hänen tekojensa mukaan"*, taivaassa asuinsijat ja palkkiot jaetaan ansioiden mukaan.

Palkkioiden jakaminen tapahtuu rauhaisasti Jumalan edessä, sillä ne ovat Jumalan lapsia varten. Palkkioiden jakaminen aloitetaan niistä joilla on eniten kaikkein kallisarvoisimpia palkintoja ja se jatkuu aina pienimpien palkkioiden jakamiseen saakka. Tämän jälkeen Jumalan lapset astuvat omiin asuinsijoihinsa.

*"Eikä yötä ole enää oleva, eivätkä he tarvitse lampun valoa eikä auringon valoa, sillä Herra Jumala on*

*valaiseva heitä, ja he hallitsevat aina ja iankaikkisesti"*
*(Ilmestyskirja 22:5).*

Kuinka ihana tämä maailma onkaan, kun kaikista vaikeuksista ja hankaluuksista huolimatta sinä voit unelmoida taivaasta! Siellä sinä elät ikuisesti Herran kanssa onnellisena ja iloisena, eikä siellä ole kyyneleitä, surua, kipua, sairauksia tai kuolemaa.

Minä olen kuvannut vain hieman Seitsenvuotista hääjuhlaa ja Vuosituhatta jonka aikana sinä hallitset Herran kanssa. Jos nämä ajat – jotka ovat vain esimakua taivaan elämälle – ovat niin onnellisia, niin kuinka paljon onnellisempaa ja iloisempaa onkaan elämä itse taivaassa? Joten sinun tulisi kiiruhtaa sinulle taivaassa valmisteltavia asuisijoja ja palkkioita kohti kunnes saapuu se hetki jolloin Herra palaa takaisin sinun luoksesi.

Miksi uskomme esi-isät kärsivät niin paljon ja yrittivät niin kovasti pysyä Herran kapealla polulla sen sijaan että he olisivat valinneet helpomman, maailmallisemman polun? He paastosivat ja rukoilivat useina öinä heittääkseen pois syntinsä ja omistaaksensa itsensä täysin siitä syystä, että he unelmoivat taivaasta.He yrittivät kovasti tulla pyhitetyksi ja olla uskollinen koko Jumalan talossa sillä he uskoivat Jumalaan joka palkitsisi heidät taivaassa heidän tekojensa mukaan.

Joten minä rukoilen Herran nimessä, että sinä saisit ottaa osaa Seitsemänvuotiseen hääjuhlaan ja olla Herran käsivarsilla, sekä että sinä saisit pysyä lähellä Jumalan valtaistuinta taivaassa sen johdosta että sinä olet yrittänyt parhaasi, unelmoiden palavasti taivaasta.

# Luku 4

## Luomisesta Lähtien Kätketyt Taivaan Salaisuudet

*Hän vastasi ja sanoi: "Sentähden, että teidän on annettu tuntea taivasten valtakunnan salaisuudet, mutta heidän ei ole annettu. Sillä sille, jolla on, annetaan, ja hänellä on oleva yltäkyllin; mutta siltä, jolla ei ole, otetaan pois sekin, mikä hänellä on. Sentähden minä puhun heille vertauksilla, että he näkevin silmin eivät näe ja kuulevin korvin eivät kuule, eivätkä ymmärrä."*

*Tämän kaiken Jeesus puhui kansalle vertauksilla, ja ilman vertausta hän ei puhunut heille mitään; että kävisi toteen, mikä on puhuttu profeetan kautta, joka sanoo: "Minä avaan suuni vertauksiin, minä tuon ilmi sen, mikä on ollut salassa maailman perustamisesta asti".*

*- Matteus 13:11-13; 34-35*

Eräänä päivänä useat ihmiset kerääntyivät Jeesuksen ympärille Hänen istuessaan merenrannalla ja Hän kertoi heille useita vertauskuvia. Opetuslapset kysyivät Häneltä tällöin: "Miksi sinä puhut heille vertauskuvin?" Jeesus vastasi heille:

69

*Hän vastasi ja sanoi: "Sentähden, että teidän on annettu tuntea taivasten valtakunnan salaisuudet, mutta heidän ei ole annettu. Sillä sille, jolla on, annetaan, ja hänellä on oleva yltäkyllin; mutta siltä, jolla ei ole, otetaan pois sekin, mikä hänellä on. Sentähden minä puhun heille vertauksilla, että he näkevin silmin eivät näe ja kuulevin korvin eivät kuule, eivätkä ymmärrä. Ja heissä käy toteen Esaiaan ennustus, joka sanoo: 'Kuulemalla kuulkaa, älkääkä ymmärtäkö, ja näkemällä nähkää, älkääkä käsittäkö. Sillä paatunut on tämän kansan sydän, ja korvillaan he työläästi kuulevat, ja silmänsä he ovat ummistaneet, etteivät he näkisi silmillään, eivät kuulisi korvillaan, eivät ymmärtäisi sydämellään eivätkä kääntyisi ja etten minä heitä parantaisi.' Mutta autuaat ovat teidän silmänne, koska ne näkevät, ja teidän korvanne, koska ne kuulevat. Sillä totisesti minä sanon teille: monet profeetat ja vanhurskaat ovat halunneet nähdä, mitä te näette, eivätkä ole nähneet, ja kuulla, mitä te kuulette, eivätkä ole kuulleet." (Matteus 13:11-17).*

Aivan kuten Jeesus sanoi, monet profeetat ja vanhurskaat eivät pystyneet näkemään tai kuulemaan taivaan valtakunnan salaisuuksia. Tämä oli siitä huolimatta että he kyllä tahtoivat nähdä ja kuulla niitä.

Koska Jeesus, joka on luonnoltaan Jumala, saapui maan päälle (Filippolaiskirje 2:6-8), sallittiin taivaan salaisuuksien paljastuminen Hänen opetuslapsilleen.

Kuten Matteus 13:35 sanoo: "Että kävisi toteen, mikä on puhuttu profeetan kautta, joka sanoo: „Minä avaan suuni vertauksiin, minä tuon ilmi sen, mikä on ollut salassa maailman perustamisesta asti." Jeesus puhui vertauskuvin täyttääkseen mitä kirjoituksiin oli kirjattu.

## Taivaan Salaisuuksia On Paljastettu Jeesuksen Ajoista Lähtien

"Ristin tie" on tie, jonka avulla tullaan todellisiksi Jumalan lapsiksi. Tämä tie oli tullut suunnitelluksi jo ennen luomista mutta se pidettiin salaisuutena (1. Korinttolaiskirje. 2:7). Jos tämä tie ei olisi ollut salaisuus, niin Saatana-vihollinen ja paholainen eivät olisi ristiinnaulinneet Jeesusta eikä tie ihmisten pelastumiseen olisi avautunut.

Jos taivaan salaisuudet eivät olisi pysyneet piilossa luomisen alusta lähtien, ihmisten kasvattaminen Jumalan todellisiksi lapsiksi ei olisi tapahtunut. Sen jälkeen kun Jeesus tuli tähän maailmaan ja aloitti Työnsä, Hän salli taivaan salaisuuksien tulla paljastetuiksi sillä Hän tahtoi ihmisten kantavan runsaasti hedelmää näiden salaisuuksien ymmärtämisen kautta.

### Jeesus Paljastaa Taivaan Salaisuuksia Vertauskuvien Kautta

Matteus 12 sisältää useita taivasta käsitteleviä vertauskuvia.

Tämä johtuu siitä, että ilman vertauskuvia sinä et voi ymmärtää ja olla tietoinen taivaan salaisuuksista vaikka lukisitkin Raamatun läpi useita kertoja.

*Taivasten valtakunta on verrattava mieheen, joka kylvi hyvän siemenen peltoonsa. (jae 24)*

*Vielä toisen vertauksen hän puhui heille sanoen: "Taivasten valtakunta on sinapinsiemenen kaltainen, jonka mies otti ja kylvi peltoonsa. Se on kaikista siemenistä pienin, mutta kun se on kasvanut, on se suurin vihanneskasveista ja tulee puuksi, niin että taivaan linnut tulevat ja tekevät pesänsä sen oksille." (jae 31-32)*

*Taivasten valtakunta on hapatuksen kaltainen, jonka nainen otti ja sekoitti kolmeen vakalliseen jauhoja, kunnes kaikki happani. (jae 33)*

*Taivasten valtakunta on peltoon kätketyn aarteen kaltainen, jonka mies löysi ja kätki; ja siitä iloissaan hän meni ja myi kaikki, mitä hänellä oli, ja osti sen pellon. (jae 44)*

*Vielä taivasten valtakunta on kuin kauppias, joka etsi kalliita helmiä, ja löydettyään yhden kallisarvoisen helmen hän meni ja myi kaikki, mitä hänellä oli, ja osti sen. (jae 45-46)*

*Vielä taivasten valtakunta on nuotan kaltainen, joka heitettiin mereen ja kokosi kaikkinaisia kaloja. Ja kun se tuli täyteen, vetivät he sen rannalle, istuutuivat ja kokosivat hyvät astioihin, mutta kelvottomat he viskasivat pois. (jae 47-48)*

Jeesus saarnasi hengellisessä maailmassa sijaitsevasta taivaasta useiden sananlaskujen avulla. Sinä voit käsittää asioita taivaasta vain sananlaskujen, kautta sillä se sijaitsee näkymättömässä hengellisessä maailmassa.

Voidaksesi omata ikuisen elämän taivaassa sinun tulee elää kunnollinen elämä uskossa, tietäen kuinka saavuttaa taivas ja minkälaiset ihmiset saavuttavat sen, sekä milloin se tulee täytetyksi.

Mikä on kirkossa käymisen ja uskossa elämisen perimmäinen määränpää? Pelastuminen ja taivaaseen pääseminen. Kuinka säälittävää olisikaan jos sinä et pääsisi taivaaseen vaikka olisitkin käynyt kirkossa kauan aikaa?

Jopa Jeesuksen aikana monet ihmiset noudattivat lakia ja tunnustivat uskonsa Jumalaan tulematta kuitenkaan pelastumaan ja pääsemättä siten taivaaseen. Tästä syystä Johannes Kastaja julistaa Matteus 3:2:ssa: *"Tehkää parannus, sillä taivasten valtakunta on tullut lähelle!"* Lisäksi hän kertoi ihmisille Matteus 3:n jakeissa 11-12 että Jeesus on Pelastaja ja Suuren Tuomion Tuomari, sanoen, *"Minä kastan teidät vedellä parannukseen, mutta se, joka minun jäljessäni tulee, on minua väkevämpi, jonka kenkiäkään minä en ole kelvollinen kantamaan; hän kastaa teidät Pyhällä Hengellä ja tulella. Hänellä on viskimensä kädessään, ja hän puhdistaa puimatanterensa ja kokoaa nisunsa aittaan, mutta ruumenet hän polttaa sammumattomassa tulessa."*

Tästä huolimatta ihmiset eivät tunnustaneet että Hän on heidän Pelastajansa vaan sen sijaan ristiinnaulitsivat Hänet. Kuinka surullista onkaan, että ihmiset odottavat Messiaan saapumista jopa vielä tänäkin päivänä

## Apostoli Paavalille Paljastetut Taivaan Salaisuudet

Siitä huolimatta että apostoli Paavali ei ollutkaan yksi Jeesuksen kahdestatoista alkuperäisestä opetuslapsesta hän ei jäänyt kenenkään varjoon mitä tuli Jeesuksesta Kristuksesta todistamiseen. Ennen Herran tapaamista hän oli ollut sekä fariseus, joka oli noudattanut tiukasti lakia ja vanhempien perinteitä, että juutalainen, jolla oli ollut Rooman kansalaisuus syntymästään saakka ja joka otti osaa alkuaikojen kristittyjen vainoamiseen.

Tavattuaan Herran tiellään Damaskukseen Paavali muutti mielensä ja johti monta ihmistä pelastuksen tielle keskittymällä ei-juutalaisten evankelioimiseen.

Jumala tiesi että Paavali tulisi kärsimään paljon kipua ja vainoa saarnatessaan evankeliumia. Tämän tähden Hän paljasti Paavalille ihmeellisiä taivaan salaisuuksia jotta hän voisi kiirehtiä kohti määränpäätään (Filippolaiskirje 3:12-14). Jumala antoi hänen saarnata evankeliumia suurella ilolla taivaasta unelmoiden.

Paavalin kirjoituksia luettaessa on selvää että hän kirjoitti Pyhän Hengen inspiroimana Herran paluusta, uskovaisten tempauksesta, heidän taivaallisista asuinsijoista, taivaan kirkkaudesta, ikuisista palkkioista ja kruunuista, ikuisesta papista Melchizedekistä sekä Jeesuksesta Kristuksesta.

2. Korinttolaiskirjeessä 12:1-4 Paavali kertoi hänen hengellisistä kokemuksistaan Korinton kirkon kanssa jonka hän oli itse perustanut ja joka ei elänyt Jumalan sanan mukaisesti.

*Minun täytyy kerskata; se tosin ei ole hyödyllistä, mutta minä siirryn nyt näkyihin ja Herran ilmestyksiin. Tunnen miehen, joka on Kristuksessa: neljätoista vuotta sitten hänet temmattiin kolmanteen taivaaseen-oliko hän ruumiissaan, en tiedä, vai poissa ruumiista, en tiedä, Jumala sen tietää. Ja minä tiedän, että tämä mies-oliko hän ruumiissaan vai poissa ruumiista, en tiedä, Jumala sen tietää- temmattiin paratiisiin ja kuuli sanomattomia sanoja, joita ihmisen ei ole lupa puhua.*

Jumala valitsi apostoli Paavalin ei-juutalaisten evankelioimiseen, karaisi hänet tulella sekä antoi hänelle näkyjä ja ilmestyksiä. Jumala johdatti hänet voittamaan kaikki vastoinkäymiset rakkaudella ja taivaasta unelmoiden. Paavali esimerkiksi tunnusti, että hänet oli johdatettu Kolmannessa Taivaassa sijaitsevaan Paratiisiin, ja että hän oli kuullut taivaan salaisuuksista 14 vuotta aikaisemmin mutta että ne olivat niin ihmeellisiä että ihmisen ei oltu sallittu puhuvan niistä.

Apostoli on henkilö joka on Jumalan kutsuma ja joka noudattaa Hänen tahtoaan täysin. Tästä huolimatta Korinton kirkon jäsenten joukossa oli ihmisiä jotka tulivat väärien opettajien pettämiksi ja jotka siten tuomitsivat apostoli Paavalin.

Tuolloin apostoli Paavali luetteli ne vastoinkäymiset jotka hän oli kokenut Herran tähden, ja hän jakoi hengelliset kokemuksensa korinttolaisten kanssa johdattaakseen heidät tulemaan Herran kauniiksi morsiamiksi Jumalan sanaa noudattamalla. Hän ei tehnyt näin kerskuakseen hengellisillä kokemuksillaan, vaan rakentaakseen ja voimistaakseen Kristuksen kirkkoa apostolisuuttaan puolustamalla ja sitä vahvistamalla.

Sinun tulee ymmärtää, että Herran näyt ja ilmestykset voidaan antaa vain niille jotka ovat Jumalan silmissä kunnollisia. Toisin kuin Korinton kirkon jäsenet jotka olivat väärien opettajien pettämiä ja jotka tuomitsivat Paavalin, sinun ei tule tuomita ketään joka työskentelee Jumalan valtakunnan laajentamiseksi ja joka on pelastanut useita ihmisiä ja on Jumalan tunnustama.

## Apostoli Johannekselle Paljastetut Taivaan Salaisuudet

Apostoli Johannes oli yksi kahdestatoista opetuslapsesta ja hän oli kovasti Jeesuksen rakastama. Jeesus itse ei kutsunut häntä vain "opetuslapseksi", vaan Hän myös kasvatti tätä hengellisesti jotta hän voisi palvella opettajaansa läheisesti. Hän oli ollut niin äkkipikainen että häntä oli ennen kutsuttu "ukkosen pojaksi", mutta Jumalan rakkauden muuttamana hänestä tuli rakkauden apostoli. Johannes seurasi Jeesusta etsien taivaan kunniaa. Hän oli myös ainoa opetuslapsi joka kuuli Jeesuksen ristillä lausumat viimeiset seitsemän sanaa. Hän oli uskollinen apostolin velvollisuuksissaan ja taivaassa hänestä tuli suuri mies.

Rooman valtakunnan taholta tulleen kristinuskon ankaran vainon johdosta Johannes heitettiin kiehuvaan öljyyn. Häntä ei kuitenkaan teloitettu, vaan hänet karkotettiin Patmoksen saarelle. Siellä hän kommunikoi Jumalan kanssa ja kirjoitti Ilmestyskirjan, joka on täynnä taivaan salaisuuksia.

Johannes kirjoitti paljon hengellisistä asioista, kuten Jumalan ja Karitsan valtaistuimesta taivaassa, palvomisesta taivaassa, Jumalan valtaistuimen ympärillä olevasta neljästä olennosta, seitsemästä Suuren Ahdingon vuodesta ja enkelien rooleista, Karitsan hääjuhlasta ja vuosituhannesta, Valkean Valtaistuimen suuresta Tuomiosta, taivaan Uudesta Jerusalemista sekä pohjattomasta syyvydestä.

Tämän tähden apostoli Johannes sanoo Ilmestuskirjassa 1:1-3 että Kirja on kirjoitettu Herran ilmestysten ja näkyjen kautta, ja että hän on kirjoittanut kaiken ylös sillä kaikki kirjoitettu tulee tapahtumaan pian.

*Jeesuksen Kristuksen ilmestys, jonka Jumala antoi hänelle, näyttääkseen palvelijoillensa, mitä pian tapahtuman pitää; ja sen hän lähettämänsä enkelin kautta antoi tiedoksi palvelijalleen Johannekselle, joka tässä todistaa Jumalan sanan ja Jeesuksen Kristuksen todistuksen, kaiken sen, minkä hän on nähnyt. Autuas se, joka lukee, ja autuaat ne, jotka kuulevat tämän profetian sanat ja ottavat vaarin siitä, mitä siihen kirjoitettu on; sillä aika on lähellä!*

"Aika on lähellä" vihjaa, että Herran paluun hetki on lähellä. On siis erittäin tärkeää omata perusteet taivaaseen pääsylle uskon kautta pelastumalla.

Vaikka sinä kävisit kirkossa joka viikko, sinä et silti voi pelastua jos et omaa tekojen säestämää uskoa. Jeesus sanoo sinulle, *"Ei jokainen, joka sanoo minulle: 'Herra, Herra!', pääse taivasten valtakuntaan, vaan se, joka tekee minun taivaallisen Isäni tahdon."* (Matteus 7:21). Joten jos sinä et noudata Jumalan sanaa, on selvää ettet sinä voi päästä taivaaseen.

Joten apostoli Johannes selittää Ilmestyskirjan neljännessä luvussa yksityiskohtaisesti ne tapahtumat ja profetiat jotka tulevat pian tapahtumaan ja tulemaan täytetyiksi, ja hän lopettaa ilmoittamalla että Herra on palaamassa takaisin, ja että sinun tulee pestä vaatteesi.

*"Katso, minä tulen pian, ja minun palkkani on minun kanssani, antaakseni kullekin hänen tekojensa mukaan. Minä olen A ja O, ensimmäinen ja viimeinen, alku ja loppu. Autuaat ne, jotka pesevät vaatteensa, että heillä olisi valta syödä elämän puusta ja he pääsisivät porteista sisälle kaupunkiin!" (Ilmestyskirja 22:12-14).*

Hengellisesti vaatteet symboloivat sydäntä ja toimintaa. Vaatteiden peseminen viittaa syntien katumiseen ja Jumalan tahdon mukaisesti elämisen yrittämiseen.

Joten sinä tulet astumaan porteista sisään ja etenemään taivaan kauneimpaan osaan, Uuteen Jerusalemiin, sen mukaisesti kuinka pitkälti sinä olet elänyt Jumalan sanan mukaisesti.

Kirjassa Uskon Mitta joka tullaan julkaisemaan hieman myöhemmin, selitetään että jopa uskolla on kasvuprosessinsa. Myös apostoli Johannes luokitteli uskon pienten lasten, lasten, nuorukaisten ja isien uskoon.

Sinun tulisi siin ymmärtää että mitä enemmän sinun uskosi kasvaa, sitä parempi sinun asuinsijasi taivaassa tulee olemaan.

## Taivaan Salaisuuksia Paljastetaan Tänäkin Päivänä

Noin 1900 vuotta on kulunut siitä kun apostoli Johannes kirjoitti Ilmestyskirjan, ja tänään Herran paluun päivän on paljon lähempänä. Tämä takia Jumalaa avaa joidenkin hmisten hengelliset silmät ja sallii heidän nähdä taivaan ja helvetin. Hän sallii joidenkin muiden henkien vierailla taivaassa ja helvetissä tietyn ajan verran, ja Hän rohkaisee heitä levittämäänsä todistamaansa sekä uskoville että ei-uskoville.

Olen pahoillani koska en pysty selittämään paljon taivaasta ja helvetistä sillä ne kuuluvat niin suureen hengelliseen maailmaan. Joskus ihmiset eivät toimita viestejä niinkuin on tarkoitus tai viestin kuulijat eivät ymmärrä sitä ollenkaan.

Myös minä olin tahtonut oppia enemmän taivaasta, ja rukoiltuani ja paastottuani useasti seitsemän vuoden ajan minulle vastattiin ja minä sain oppia yksityiskohtia taivaasta. Toukokuussa 1984 juuri ennen syntymäpäivääni Jumala käski minua paastoamaan kolmen päivän ajan kaukana kirkkoni jäsenistä sijaitsevassa rukouspaikassani ja kommunikoimaan Jumalan kanssa. Hän kertoi minulle yksityiskohtia taivaasta ja minä täytin 120 vihkonsivua muistiinpanoilla. Hän selitti minulle taivaan ihmeellisestä, upeasta ja onnellisesta elämästä, sekä taivaan eri asuinsijoista ja palkkioista jotka annettaan ihmisille heidän uskonsa määrän perusteella. Eräässä vaiheessa pappeuttani minä saarnasin taivaasta usean kuukauden ajan.

Myöhemmin Jumala paljasti taivaan salaisuuksia niinkuin Hän oli selittänyt Ilmestyskirjassa, ja Hän on jatkanut näiden asioiden selittämistä vuoden 1988 jälkeenkin. Jumala on paljastanut paljon asioita jotka on pidetty piilossa ajanlaskun alusta lähtien, ja samalla tavalla kuin apostoli Paavali tunnusti "asioita joita ihmisen ei ole lupa kertoa", on olemassa paljon asioita joita minun ei ole lupa kertoa.

Jumala on sallinut minun tietää asioita sekä taivaasta että hengellisen maailman syviä salaisuuksia muutamasta syystä. Ensinnäkin, Jumala tahtoo monien ihmisten pelastuvan sekä Jeesuksen Kristuksen, Pelastajan, sanan levittämisen kautta, että minun todistukseni kautta kun minä puhun Jumalasta, joka on ollut olemassa jo ennen ajan alkamista. Toisekseen, levittämällä evankeliumia Jumala, joka on pyhä ja täydellinen, tahtoo johdattaa Hänen lapsensa tulemaan pyhiksi ja täydellisiksi sekä valmistautumaan Herran paluuta varten kauniina morsiamina.

Joten sinun tulisi ymmärtää että loppu on erittäin lähellä ja sinun tulisi kyetä astumaan Uuteen Jerusalemiin joka on kirkas ja kaunis kuin kristalli ikään levittämällä evankeliumia ja yrittämällä valmistaa itsestäsi Jeesuksen Kristuksen kauniin morsiamen.

# Taivaan Salaisuuksia Paljastetaan Aikojen Lopussa

Syventykäämme nyt Matteuksen luvun 13 kautta taivaan paljastettuihin salaisuuksiin jotka tulevat täyttymään aikojen lopussa

## Hän Tulee Erottamaan Kelvottomat Vanhurskaista

Matteus 13:47-50 kertoo kuinka Jeesus sanoo, että taivaan valtakunta on kuin verkko joka heitettiin järveen ja joka pyydysti paljon kaloja. Mitä tämä tarkoittaa?

*"Vielä taivasten valtakunta on nuotan kaltainen, joka heitettiin mereen ja kokosi kaikkinaisia kaloja. Ja kun se tuli täyteen, vetivät he sen rannalle, istuutuivat ja kokosivat hyvät astioihin, mutta kelvottomat he viskasivat pois. Näin on käyvä maailman lopussa; enkelit lähtevät ja erottavat pahat vanhurskaista ja heittävät heidät tuliseen pätsiin; siellä on oleva itku ja hammasten kiristys."*

Tässä "meri" tarkoittaa maailmaa ja "kalat" viittaavat kaikkiin uskoviin. Verkon mereen viskannut ja kalat pyydystänyt kalastaja on Jumala. Mitä sitten tarkoittaa että Jumala heittää verkon mereen, pyydystää kaloja ja kokoaa hyvät kalat yhteen koriin ja heittää kelvottomat kalat menemään? Tämä tarkoittaa sitä, että aikojen lopulla enkelit tulevat kokoamaan vanhurskaat taivaaseen ja heittämään pahat ihmiset helvettiin.

Nykyään monet ihmiset uskovat että he tulevat ehdottomasti pääsemään taivaaseen jos he vain ottavat vastaan Jeesuksen Kristuksen. Jeesus kuitenkin sanoo selvästi, että "enkelit lähtevät ja erottavat pahat vanhurskaista ja heittävät heidät tuliseen pätsiin." "Vanhurskailla" tarkoitetaan tässä niitä joita kutsutaan "vanhurskaiksi", sillä he uskovat Jeesukseen Kristukseen sydämessään ja käyttäytyvät tämän mukaisesti. Sinä et ole "vanhurskas" koska sinä tiedät Jumalan sanan, vaan koska sinä noudatat Hänen käskyjään ja käyttäydyt Hänen tahtonsa mukaisesti (Matteus 7:21).

Raamatussa on useita käskyjä ja kieltoja sekä "pidettäviä" ja "poisheitettäviä." Vain Jumalan sanan mukaisesti elävät ovat "vanhurskaita" ja heidän katsotaan omaavan elävän ja hengellisen uskon. On olemassa ihmisiä joiden katsotaan olevan yleisesti vanhurskaita mutta heidän ei voida luokitella olevan "vanhurskaita" Jumalan silmissä. Joten sinun tulisi kyetä erottamaan ihmisen ja Jumalan vanhurskaudet toisistaan ja tulla vanhurskaaksi Jumalan silmissä.

Kuka esimerkiksi pitää miestä vanhurskaana jos itse itseään vanhurskaana pitävä mies varastaa? Ihmisiä ei voida pitää "vanhurskaina" jos itseään "Jumalan lapsiksi" kutsuvat ihmiset jatkavat syntien tekemistä eivätkä elä Jumalan sanan mukaisesti.

## Taivaallisten Kehojen Omat Kirkkaudet

Sinä tulet loistamaan auringon tavoin taivaassa jos sinä otat Jeesuksen Kristuksen vastaan ja elät Jumalan sanan mukaisesti. Apostoli Paavali kirjoittaa taivaan salaisuuksista yksityiskohtaisesti 1. Korinttolaiskirjeessä 15:40-41.

*"Ja on taivaallisia ruumiita ja maallisia ruumiita; mutta toinen on taivaallisten kirkkaus, toinen taas maallisten. Toinen on auringon kirkkaus ja toinen kuun kirkkaus ja toinen tähtien kirkkaus, ja toinen tähti voittaa toisen kirkkaudessa."*

Koska taivaaseen päästään vain uskon kautta, on vain järkevää että taivaallinen kunnia tulee vaihtelemaan henkilön uskon määrän mukaan. Tämän takia auringon, kuun ja tähtien kirkkaudet ovat olemassa, ja jopa tähtien keskuudessa tämä kirkkaus tulee vaihtelemaan. Katsokaamme seuraavaa taivaan salaisuutta Matteus 13:31-32 sisältyvän sinapinsiemenen vertauskuvan avulla.

*Vielä toisen vertauksen hän puhui heille sanoen: "Taivasten valtakunta on sinapinsiemenen kaltainen, jonka mies otti ja kylvi peltoonsa. Se on kaikista siemenistä pienin, mutta kun se on kasvanut, on se suurin vihanneskasveista ja tulee puuksi, niin että taivaan linnut tulevat ja tekevät pesänsä sen oksille."*

Sinapinsiemen on kuulakärkikynän pään kokoinen. Jopa tästä pienestä siemenestä kasvaa suuri puu jonka oksille taivaan linnut saapuvat pesimään. Mitä Jeesus sitten tahtoi opettaa meille tämän sinapinsiemenen vertauskuvan kautta? Tästä on opittava

83

että taivaaseen päästään vain uskon avulla ja että on olemassa eri uskontasoja. Joten vaikka sinä voitkin omata tällä hetkellä "vähäisen" uskon, sinä voit kasvattaa siitä "suuren" uskon.

## Jopa Pienen Sinapinsiemenen Kokoinen Usko

Jeesus sanoo Matteuksen jakeessa 17:20 *"Teidän epäuskonne tähden; sillä totisesti minä sanon teille: jos teillä olisi uskoa sinapinsiemenenkään verran, niin te voisitte sanoa tälle vuorelle: 'Siirry täältä tuonne', ja se siirtyisi, eikä mikään olisi teille mahdotonta"*. Hänen opetuslastensa vaatiessa Häntä "Lisäämään meille uskoa", Jeesus vastasi heille, *"Jos teillä olisi uskoa sinapinsiemenenkään verran, niin te voisitte sanoa tälle silkkiäispuulle: 'Nouse juurinesi ja istuta itsesi mereen', ja se tottelisi teitä."*

Mikä on sitten näiden jakeiden hengellinen merkitys? Ne kertovat meille että mikään ei ole mahdotonta kun usko, joka on vain sinapinsiemenen kokoinen, kasvaa ja tulee suureksi. Kun sinä otat vastaan Jeesuksen Kristuksen, sinulle annetaan sinapinsiemenen kokoinen usko. Kun sinä kylvät tämän siemenen sydämeesi se alkaa versomaan. Sen kasvaessa suureksi, puun kokoiseksi uskoksi jonka oksille linnut mahtuvat pesimään, sinä tulet kokemaan Jeesuksen tekemiä Jumalan voiman töitä, kuten näön antamisen sokeille, kuulon antamisen kuuroille, puhekyvyn antamisen mykille ja elämän antamisen kuolleille.

Syy siihen, että vaikka sinä uskotkin omaavasi uskoa et silti voi tehdä Jumalan voiman töitä ja sinulla on ongelmia perhe- tai talouselämässäsi on se, että sinun sinapinsiemenen kokoinen uskosi ei ole vielä kasvanut suuren puun kokoiseksi.

## Hengellisen Uskon Kasvun Prosessi

Luvuissa 1. Joh 2:12-14 apostoli Johannes selittää lyhyesti hengellisen uskon kasvua.

*Minä kirjoitan teille, lapsukaiset, sillä synnit ovat teille anteeksi annetut hänen nimensä tähden. Minä kirjoitan teille, isät, sillä te olette oppineet tuntemaan hänet, joka alusta on ollut. Minä kirjoitan teille, nuorukaiset, sillä te olette voittaneet sen, joka on paha. Minä olen kirjoittanut teille, lapsukaiset, sillä te olette oppineet tuntemaan Isän. Minä olen kirjoittanut teille, isät, sillä te olette oppineet tuntemaan hänet, joka alusta on ollut. Minä olen kirjoittanut teille, nuorukaiset, sillä te olette väkevät, ja Jumalan sana pysyy teissä, ja te olette voittaneet sen, joka on paha.*

Sinun tulisi ymmärtää että uskon kasvaminen sisältää prosessin. Sinun tulee kehittää uskoasi ja omata isien uskon jonka avulla sinä tunnet Jumalan joka on ollut aikojen alusta lähtien. Sinun ei pitäisi olla tyytyväinen lasten uskontasoon jossa sinun syntisi annetaan anteeksi Jeesuksen Kristuksen tähden.

Jeesus sanoo myös Matteus 13:33:ssa *"Taivasten valtakunta on hapatuksen kaltainen, jonka nainen otti ja sekoitti kolmeen vakalliseen jauhoja, kunnes kaikki happani".*

Joten sinun tulisi ymmärtää että pienen sinapinsiemenen

kokoisen uskon kasvattaminen suureksi uskoksi on mahdollista tehdä nopeasti, kuin hiiva joka työstää koko taikinan. Kuten 1. Korinttolaisikirje toteaa, usko on Jumalan sinulle antama hengellinen lahja.

## Sinun On Ostettava Taivas Kaikella Mitä Omistat

Taivaan saavuttaminen vaatii todellisia ponnistuksia sillä se voidaan saavuttaa vain uskon kautta, ja uskon kasvaminen tapahtuu prosessin kautta. Jopa tässä maailmassa sinun täytyy työskennellä kovasti saavuttaaksesi vaurautta ja kunniaa, puhumattakaan ansaitsemisesta tarpeeksi rahaa esimerkiksi talon ostamiseen. Sinä yrität niin kovasti ostaa ja omistaa näitä asioita joista yhtäkään sinä et voi pitää hallussasi ikuisesti. Kuinka kovasti enemmän sinun tulisikin yrittää saada omaksesi taivaan loiston ja asuinsijan jotka sinä saat pitää omanasi ikuisesti?

Jeesus sanoo Matteus 13:44:ssä: *"Taivasten valtakunta on peltoon kätketyn aarteen kaltainen, jonka mies löysi ja kätki; ja siitä iloissaan hän meni ja myi kaikki, mitä hänellä oli, ja osti sen pellon."* Hän jatkaa Matteus 13:45-46:ssa, *"Vielä taivasten valtakunta on kuin kauppias, joka etsi kalliita helmiä, ja löydettyään yhden kallisarvoisen helmen hän meni ja myi kaikki, mitä hänellä oli, ja osti sen."*

Mitkä taivaan salaisuuksia sitten paljastetaan näiden peltojen ja helmien vertauskuvien kautta? Jeesus puhui vertauskuvissaan usein sellaisista esineistä joihin oli helppo törmätä jokapäiväisen elämän aikana. Katsokaamme sitten "pellosta löydettävän aarteen" vertauskuvaa.

Köyhä maanviljelijä ansaitsi elantonsa työskentelemällä päivän kerrallaan. Eräänä päivänä hän meni töihin naapurinsa kutsumana. Maanviljelijälle kerrottiin että maa oli hedelmätön sillä sitä ei oltu käytetty pitkään aikaan, mutta että hänen naapurinsa tahtoi istuttaa muutamia hedelmäpuita jottei maa menisi hukkaan. Maanviljelijä suostui tähän työhön. Eräänä päivänä hän oli raivaamassa maata ja työskennellessään hän tunsi jotain kovaa lapionsa alla. Hän jatkoi kaivamistaan ja löysi maan alta suuren aarteen. Aarteen löytänyt maanviljelijä alkoi miettiä keinoa jolla hän voisi saada aarteen haltuunsa. Hän päätti ostaa maan johon aarre oli haudattu, ja koska maa oli paljas ja lähestulkoon hedelmätön, maanviljelijä ajatteli että maanomistaja saattaisi myydä sen hänelle sitä paljoakaan ajattelematta.

Maanviljelijä palasi kotiinsa, tyhjensi sen kaikesta mitä hän omisti ja alkoi myydä näitä omistuksiaan. Silti hän ei katunut sitä että joutui myymään kaiken omistamansa, sillä hän oli löytänyt aarteen joka oli moninverroin kaikkea hänen omistamaansa arvokkaampi.

## Peltoon Haudatun Aarteen Vertauskuva

Mitä sinun tulisi oivaltaa peltoon haudatusta aarteesta kertovan vertauskuvan kautta? Minä toivon että sinä ymmärtäisit taivaan salaisuuden katsomalla tämän peltoon haudatun aarteen vertauskuvan hengellistä merkitystä neljästä eri näkökulmasta.

*Ensinnäkin, pelto symboloi sinun sydäntäsi ja aarre*

87

*symboloi taivasta. Tämä tarkoittaa sitä, että taivas on kätketty sinun sydämeesi aarteen tavoin.*

Jumala loi ihmiset niiden henkineen, sieluineen ja ruumineen. Henki on ihmisen isäntä ja se on luotu kommunikoimaan Jumalan kanssa. Sielu on luotu tottelemaan hengen käskyjä, ja ruumis on luotu hengen ja sielun asuinpaikaksi. Joten ihminen oli ennen elävä henki, aivan kuten Genesis 2:7 sanoo.

Kun ensimmäinen mies, Aatami, teki syntiä olemalla tottelematon, henki, joka oli ihmisen isäntä, kuoli, ja tämän seurauksena sielu alkoi näytellä isännän osaa. Silloin ihmiset lankesivat syntiin yhä pahemmin ja heidän tuli käydä kuolemaan sillä he eivät voineet enää kommunikoida Jumalan kanssa. Heistä tuli nyt sielun ihmisiä. Sielun, joka on Saatana-vihollisen ja paholaisen hallinnassa.

Tämä tähden rakkauden Jumala lähetti Hänen ainoan Poikansa Jeesuksen tähän maailmaan, ja Hän salli tämän tulla ristiinnaulituksi ja vuodattaa verensä uhrina ihmiskunnan syntien lunastukseksi. Tämän johdosta pelastuksen tie on avattu sinullekin jotta sinä voit tulla pyhän Jumalan lapseksi ja kommunikoida Hänen kanssaan uudestaan.

Joten kuka tahansa joka hyväksyy Jeesuksen Kristuksen henkilökohtaiseksi Pelastajakseen saa osakseen Pyhän Hengen ja hänen henkensä virkoaa. Hän saa myös osakseen oikeuden tulla Jumalan lapseksi ja hänen sydämensä tulee täyttymään ilolla.

Tämä tarkoittaa sitä, että henki on palannut takaisin kommunikoimaan Jumalan kanssa ja hallitsemaan sielua ja ruumista ihmisen isäntänä. Tämä tarkoittaa myös sitä, että ihminen tulee pelkäämään Jumalaa ja noudattamaan Hänen sanaansa sekä täyttämään hänelle asetetut velvollisuudet. Joten hengen virkoaminen on kuin kätketyn aarteen löytäminen pellosta. Taivas on kuin peltoon kätketty aarre, sillä nyt taivas on läsnä sydämessäsi.

*Toisekseen, pellosta aarteen löytäneen miehen riemu kertoo meille että Jeesuksen Kristuksen vastaanottaminen ja Pyhän Hengen saaminen virvoittaa kuolleen hengen ja saa ihmisen riemuitsemaan, sillä hän ymmärtämää että taivas sijaitsee hänen sydämessään.*

Jeesus sanoo Matteus 11:12;ssa: *"Mutta Johannes Kastajan päivistä tähän asti hyökätään taivasten valtakuntaa vastaan, ja hyökkääjät tempaavat sen itselleen."* Apostoli Johannes kirjoittaa myös Ilmestyskirja 22:14:sta näin: *"Autuaat ne, jotka pesevät vaatteensa, että heillä olisi valta syödä elämän puusta ja he pääsisivät porteista sisälle kaupunkiin!"*

Sinä voit oppia tästä että kukaan joka on ottanut vastaan Jeesuksen Kristuksen ei mene samaan asuinsijaan taivaan valtakunnassa. Sinä tulet perimään sitä kauniimman asuinsijan taivaassa mitä enemmän sinä muistutat Herraa ja mitä enemmän sinä pysyt totuudessa.

Joten ne jotka rakastavat Herraa ja unelmoivat taivaasta tulevat elämään Herran sanan mukaisesti kaikessa ja muistuttamaan Herraa heittämällä pois kaiken pahuutensa.

Sinä saavutat taivaan valtakunnan sitä mukaa kuin sinä täytät sydämesi taivaalla missä on vain hyvyyttä ja totuutta. Sinä tulet olemaan riemumielin jopa tässä maailmassa kun sinä tajuat että taivas sijaitsee sydämessäsi.

Tämä on iloa jonka koet kun ensi kerran kohtaat Jeesuksen Kristuksen. Kuinka iloinen sinä olisitkaan jos sinä olisit matkalla kohti kuolemaa mutta saisit oikean elämän ja ikuisen taivaan Jeesuksen Kristuksen kautta. Sinä olisit niin kiitollinen koska sinä voit sydämessäsi uskoa taivaan valtakuntaan.

*Kolmanneksi, se että maanviljelijä kätkee aarteen uudestaan tarkoittaa sitä, että hänen kuollut henkensä on vironnut ja että hän haluaa elää Jumalan tahdon mukaisesti, mutta että hän ei osaa tehdä tähdä tätä käytännössä sillä hän he ole saanut vastaanottaa voimaa Jumalan Sanan mukaisesti elämiseen.*

Maanviljelijä ei voinut kaivaa aarretta esiin heti sen löydettyään. Hänen täytyi ensin myydä omistuksensa ja ostaa kyseinen pelto itselleen. Samoin sinä olet tietoinen taivaan ja helvetin olemassaolosta ja siitä kuinka taivaaseen päästään ottamalla Jeesus Kristus vastaan mutta sinä et voi osoittaa tätä käytännössä heti alettuasi kuunnella Jumalan sanaa.

Epävanhurskaus pysyy sydämessäsi sillä sinä olet elänyt Jumalan sanan vastaista epävanhurskasta elämää ennen Jeesuksen Kristuksen hyväksymistä. Jos sinä et kuitenkaan heitä pois sydämestäsi kaikkea epätotuutta tunnustaessasi uskosi Jumalaan, Saatana tulee jatkamaan sinun johdattamista pimeyteen niin ettet voi elää Jumalan sanan mukaisesti. Kuten maanviljelijä joka osti pellon myytyään ensin kaiken minkä hän omisti, samoin sinä voit saada aarteen sydämeesi vasta sitten kun sinä yrität heittää pois epätotuuden mielen ja sinä omaat Jumalan tahtoman totuudenmukaisen sydämen.

Joten sinun tulee seurata totuutta joka on Jumalan sana, ollen Hänestä riippuvainen ja rukoillen palavasti. Vasta sitten epätotuus tulee heitetyksi pois ja sinä saat voiman elää ja käyttäytyä Jumalan sanan mukaisesti. Sinun tulee muistaa että taivas on olemassa vain tämänkaltaisia ihmisiä varten.

*Neljänneksi, se että maanviljelijä myi kaiken jotta kuollut sielu elpyisi ja tulisi ihmisen herraksi viittaa siihen että sinun tulee pyyhkiä sielustasi kaikki epätotuudet.*

Sinä tulet ymmärtämään taivaan olemassaolon kun sinun kuollut sielusi virkoaa. Sinun tulee saavuttaa taivas hankkiutumalla eroon kaikesta epätotuudesta joka kuuluu sieluun ja on Saatanan hallitsemaa sekä omaamalla tekojen säestämää uskoa. Tätä samaa periaatetta seuraten kananpoikasen pitää rikkoa munankuori ennenkuin se voi tulla ulos maailmaan.

Sinun täytyy siis heittää pois kaikki lihan teot ja halut voidaksesi todella saavuttaa taivaan. Sinun tulee lisäksi tulla koko hengen ihmiseksi joka on täysin Herran taivaallisen luonteen kaltainen (1. Tessalonikalaiskirje 5:23).

Lihan halut ovat sydämen pahuuden ruumiillistumia jotka johtavat tekoihin. Lihan halut viittaavat kaikkiin sydämessä oleviin synnin luonteisiin jotka voivat johtaa tekoihin milloin tahansa siitä huolimatta etteivät ne ole vielä aikaisemmin johtaneet tekoihin. Jos sinulla on esimerkiksi vihaa sydämessäsi tämä on lihan halua, ja jos tämä viha johtaa toisen ihmisen lyömiseen, tämä teko on lihan teko.

Galatalaiskirje 5:19-21 sanoo näin: *"Mutta lihan teot ovat ilmeiset, ja ne ovat: haureus, saastaisuus, irstaus, epäjumalanpalvelus, noituus, vihamielisyys, riita, kateellisuus, vihat, juonet, eriseurat, lahkot, kateus, juomingit, mässäykset ja muut senkaltaiset, joista teille edeltäpäin sanon, niinkuin jo ennenkin olen sanonut, että ne, jotka semmoista harjoittavat, eivät peri Jumalan valtakuntaa."*

Myös Roomalaiskirje 13:13-14 sanoo meille: *"Vaeltakaamme säädyllisesti, niin kuin päivällä, ei mässäyksissä ja juomingeissa, ei haureudessa ja irstaudessa, ei riidassa ja kateudessa, vaan pukekaa päällenne Herra Jeesus Kristus, älkääkä niin pitäkö lihastanne huolta, että himot heräävät."* Lisäksi Roomalaiskirje 8:5 sanoo: *"Sillä niillä, jotka elävät lihan mukaan, on lihan mieli, mutta niillä, jotka elävät Hengen mukaan, on Hengen mieli."*

Joten kun sinä myyt kaiken omistamasi sinä hankkiudut eroon kaikesta sielussasi olevasta Jumalan tahdon vastaisesta epätotuudesta. Sinä heität pois kaikki ne lihan teot ja halut jotka eivät Jumalan sanan mukaan ole oikein, ja sinä myös hankkiudut eroon kaikesta muusta jota sinä olet aiemmin rakastanut Jumalaa enemmän.

Kun sinä jatkat syntiesi ja pahuuden poisheittämistä tällä tavoin sinun henkesi virkoaa ja sinä elät enemmän ja enemmän Jumalan sanan mukaisesti, seuraten Pyhän Hengen tahtoa. Lopulta sinusta tulee hengen ihminen ja sinä saat osasi Herran taivaallisesta valtakunnasta (Filippiläiskirje 2:5-8).

## Taivasta Saavutetaan Sen Mukaan Mitä On Saavutettu Sydämessä

Henkilö, joka saavuttaa taivaan uskonsa kautta, on henkilö joka on heittänyt pois kaiken pahan ja joka on saavuttanut taivaan sydämessään. Herran lopulta palatessa taivas, joka on ollut kuin varjo, muuttuu todellisuudeksi, ja tämä henkilö saa omata ikuisen taivaan. Taivaan saavuttanut henkilö on kaikista rikkain vaikka hän olisikin heittänyt pois kaiken tässä maailmassa. Kuka ei saavuta taivasta on kuitenkin kaikista köyhin jolla ei ole todellisuudessa yhtään mitään vaikka hänellä olisikin kaikkea tässä maailmassa. Tämä johtuu siitä että kaikki mitä sinä tarvitset on Jeesus Kristus, ja kaikki muu kuin Jeesus Kristus on arvotonta, sillä kuoleman jälkeen sinua odottaa ainoastaan ikuinen tuomio.

Tästä johtuen Matteus seurasi Jeesusta ammatistaan luopuen. Tästä johtuen Pietari seurasi Jeesusta verkostaan ja veneestään luopuen. Jopa apostoli Paavali piti kaikkea arvottomana otettuaan vastaan Jeesuksen Kristuksen. Syy siihen, että kaikki nämä apostolit saattoivat tehdä näin, oli että he tahtoivat löytää ja kaivaa esiin aarteen joka oli arvokkaampi kuin mikään muu tämän maan päällä.

Samalla tavoin sinun tulee näyttää uskosi teoin, noudattaen todellista sanaa ja heittämällä pois kaiken epätotuuden joka on Jumalan vastaista. Sinun tulee saavuttaa taivaan valtakunta sydämessäsi myymällä kaikki ne epätotuudet kuten itsepäisyyden, ylpeyden ja kopeuden, joita sinä olet aiemmin pitänyt aarteina sydämessäsi.

Sinun ei tule siis katsoa tämän maailman asioita vaan myydä kaikki mitä sinulla on saavuttaaksesi taivaan sydämessäsi ja periäksesi taivaan ikuisen valtakunnan.

## Minun Isäni Kodissa On Monta Asuinsijaa

Joh. 14:1-3 osoittaa sinulle että taivaassa on useita asuinsijoja ja että Jeesus Kristus meni valmistamaan sinulle asuinsijaa taivaaseen.

*Älköön teidän sydämenne olko murheellinen. Uskokaa Jumalaan, ja uskokaa minuun. Minun Isäni kodissa on monta asuinsijaa. Jos ei niin olisi, sanoisinko minä teille, että minä menen valmistamaan teille sijaa? Ja vaikka minä menen valmistamaan teille sijaa, tulen minä takaisin ja otan teidät tyköni, että tekin olisitte siellä, missä minä olen.*

### Herra Meni Valmistamaan Sinun Taivaallista Asuinsijaasi

Jeesus kertoi opetuslapsilleen mitä tulisi tapahtumaan juuri ennen kuin Hänet otettaisiin kiinni ja ristiinnaulittaisiin. Katseltuaan opetuslapsiaan jotka olivat huolissaan kuultuaan Juudaksen petoksesta, Pietarin kieltämisestä ja Jeesuksen kuolemasta, Hän lohdutti heitä kertomalla heille taivaan asuinsijoista.

Tämän tähden Hän sanoi heille: *"Minun Isäni kodissa on monta asuinsijaa. Jos ei niin olisi, sanoisinko minä teille, että minä menen valmistamaan teille sijaa?"* Jeesus ristiinnaulittiin ja Hän todella nousi kuolleista kolme päivää myöhemmin, rikkoen näin kuoleman vallan. Sitten 40 päivää myöhemmin Hän nousi taivaaseen useiden ihmisten nähden valmistaakseen meille asuinsijoja.

Mitä sitten tarkoittaa *"Minä menen valmistamaan teille sijaa?"* 1. Joh. 2:2 sanoo: *"Ja hän on meidän syntiemme sovitus; eikä ainoastaan meidän, vaan myös koko maailman syntien."* Tämä tarkoittaa että Jeesus mursi ihmisten ja Jumala välillä olleen synnin muurin niin että kuka tahansa voi saavuttaa taivaan uskon avulla.

Ilman Jeesusta Kristusta sinun ja Jumalan välistä syntimuuria ei olisi voitu kaataa. Vanhassa testamentissa miehen tehtyä syntiä hän tarjosi eläinuhrin sovittaakseen syntinsä. Antamalla itsensä uhriksi Jeesus kuitenkin teki mahdolliseksi sen, että sinä voit saada syntisi anteeksi ja tulla pyhäksi (Heprealaiskirje 10:12-14).

Vain Jeesuksen Kristuksen kautta synnin muuri sinun ja Jumalan välillä voi kaatua, ja sinä voit saada osaksesi sekä taivaan valtakuntaan astumisen siunauksen että nauttia kauniista ja onnellisesta, ikuisesta elämästä.

## Minun Isäni Kodissa On Monta Asuinsijaa

Jeesus sanoo Joh. 14:2:ssa: *"Minun Isäni kodissa on monta*

95

*asuinsijaa.* " Herran sydän, joka tahtoo kaikkien pelastuvan, on valutettu tähän jakeeseen. Miksi Jeesus muuten sanoi "Minun Isäni koti" sen sijaan että Hän olisi sanonut "Taivaan valtakunnassa?" Tämä johtuu siitä että Jumala ei tahdo "kansalaisia" vaan "lapsia" joiden kanssa Hän voi Isänä jakaa rakkautensa ikuisesti.

Taivas on Jumalan hallitsema ja sen on tarpeeksi suuri majoittamaan kaikki ne jotka pelastuvat uskon kautta. Se on myös niin kaunis ja ihmeellinen paikka ettei sitä voida verrata tähän maailmaan. Taivaan valtakunnassa, jonka koko on kuvittelemattoman suuri, kaikista kaunein ja kirkkain paikka on Uusi Jerusalem, missä Jumalan Valtaistuin sijaitsee. Aivan kuten Korean pääkaupungissa Soulissa on Sininen talo ja Yhdysvaltojen pääkaupungissa Washingtonissa on Valkoinen talo joissa maiden presidentit asuvat, niin myös Uudessa Jerusalemissa on Jumalan Valtaistuin.

Missä Uusi Jerusalem sitten sijaitsee? Se sijaitsee taivaan keskustassa, ja tämä on se paikka jossa Jumalaa miellyttäneet uskovat elävät ikuisesti. Taivaan ulommaisin alue on päinvastoin Paratiisi. Kuten Jeesuksen rinnalla ollut rikollinen joka hyväksyi Jeesuksen Kristuksen ja joka tuli pelastetuksi, ne, jotka vain ottavat vastaan Jeesuksen Kristuksen tekemättä mitään Jumalan valtakunnan hyväksi asuvat täällä.

## Sinut Palkitaan Taivaassa Uskosi Määrän Mukaan

Miksi Jumala on valmistanut lapsilleen niin monta asuinsijaa taivaaseen? Jumala on oikeamielinen ja antaa sinun niittää mitä sinä olet kylvänyt (Galatalaiskirje 6:7), ja Hän palkitsee jokaisen ihmisen sen mukaan mitä tämä on tehnyt (Matteus 16:27; Ilmestyskirja 2:23). Tämän tähden Hän on valmistanut asuinsijat uskonmäärän mukaisesti.

Roomalaiskirje 12:3 huomauttaa: *"Sillä sen armon kautta, mikä minulle on annettu, minä sanon teille jokaiselle, ettei tule ajatella itsestänsä enempää, kuin ajatella sopii, vaan ajatella kohtuullisesti, sen uskonmäärän mukaan, minkä Jumala on kullekin suonut."*

Sinun tulee siis ymmärtää että taivaassa ihmisen asuinsija ja kunnia tulee vaihtelemaan jokaisen oman uskonmäärän mukaan.


Sinun taivaallinen asuinsijasi riippuu siitä kuinka paljon sinä muistutat Jumalan sydäntä. Ikuisen taivaan asuinsija päätetään sen mukaan kuinka paljon taivasta sinä olet saavuttanut sydämessäsi hengellisenä ihmisenä.

Sanotaan esimerkiksi, että lapsi ja aikuinen keskustelevat tai kisailevat keskenään. Lapsen ja aikuisen maailmat ovat niin erilaisia että lapsen mielestä aikuisen kanssa oleminen olisi hyvin pian tylsää. Lapsen ajatusmaailma, kieli ja käytös ovat täysin erilaisia aikuisen vastaavista. Olisi hauskempaa jos lapset olisivat lasten kanssa, nuoret nuorten ja aikuiset aikuisten kanssa.

Tämä sama pätee hengellisesti. Koska jokaisen henki on erilainen, rakkauden ja vanhurskauden Jumala on jakanut taivaan asuinsijat uskon määrän mukaan jotta Hänen lapsensa tulisivat elämään onnellisina.

## Herra Palaa Valmistettuaan Taivaalliset Asuinsijat

Luvussa Joh. 14:3 Herra lupaa meille että Hän palaa takaisin ja vie sinut taivaan valtakuntaan valmistettuaan ensin taivaan asuinsijat.

Kuvittele, että on mies joka kerran otti vastaan Jumalan armon ja sai taivaassa useita palkkioita uskollisuutensa tähden. Jos hän kuitenkin palaisi maallisille tavoille hän lankeaisi pelastuksesta ja päätyisi helvettiin. Hänen taivaalliset palkkionsa muuttuisivat arvottomiksi. Vaikka hän ei menisikään helvettiin hän saattaa silti menettää kaikki palkkionsa.

Joskus hänen palkkionsa saattavat vähentyä siitä huolimatta että hän on joskus ollut uskollinen jos hän taantuu uskossaan, jos hänen kristitty elämänsä pysähtyy samalle tasolle vaikka sen kuuluisi edetä, tai jos hän tuottaa Jumalalle pettymyksen häpäisemällä Hänet.

Herra kuitenkin muistaa kaiken mitä sinä olet tehnyt tai yrittänyt tehdä Jumalan valtakunnan edestä uskollisena ollessasi. Pyhittäessäsi sydämesi Pyhällä Hengellä sinä tulet olemaan Herran kanssa Hänen palatessa takaisin, ja sinua siunataan antamalla sinun asua paikassa joka loistaa taivaassa kuin aurinko. Koska Herra tahtoo kaikkien Jumalan lasten olevan täydellisiä, Hän sanoi: *"Ja vaikka minä menen valmistamaan teille sijaa, tulen minä takaisin ja otan teidät tyköni, että tekin olisitte siellä, missä minä olen."* Jeesus tahtoo sinun puhdistavan itsesi niin kuin Herra itse on puhdas, pitäen kiinni näistä toivon sanoista.

Jeesuksen täytettyä Jumalan tahdon kokonaan tuotettaen

Hänelle suuresti kunniaa Jumala kirkasti Jeesuksen ja antoi Hänelle uuden nimen: "Kuninkaiden Kuningas, herrojen Herra." Samalla tavalla Jumala johdattaa sinut kirkkauteen sen mukaan kuinka paljon sinä olet kirkastanut Häntä tässä maailmassa. Mitä enemmän sinä muistutat Jumalaa ja rakastat Häntä, sitä lähempänä Jumalan Valtaistuinta sinä taivaassa asut.

Taivaan asuisijat odottavat isäntään eli Jumalan lapsia kuin morsiamet jotka ovat valmiita ottamaan vastaan sulhonsa. Tämän tähden apostoli Johannes kirjoittaa Ilmestyskirja 21:2:ssa: *"Ja pyhän kaupungin, uuden Jerusalemin, minä näin laskeutuvan alas taivaasta Jumalan tyköä, valmistettuna niinkuin morsian, miehellensä kaunistettu."*

Jopa kauneimpia tämän maailman morsiamia ei voida verrata taivaallisten asuinsijojen mukavuuteen ja onnellisuuteen. Taivaassa olevissa taloissa on kaikkea, ja ne tuovat esiin kaiken mahdollisen lukemalla isäntiensä mielen vain jotta nämä voisivat elää ikuisesti mahdollisimman onnellisina.

Sananlaskut 17:3 sanoo: *"Hopealle sulatin, kullalle uuni, mutta sydämet koettelee Herra."* Sen tähden minä rukoilen Herran Jeesuksen Kristuksen nimessä, että sinä ymmärtäisit että Jumala jalostaa ihmisiä tehdäkseen heistä Hänen todellisia lapsia, ja että sinä pyhittäisit itsesi unelmoiden Uudesta Jerusalemista ja etenisit voimalla kohti taivasta, ollen uskollinen koko Jumalan talossa.

# Luku 5

# Kuinka Me Tulemme Elämään Taivaassa?

*Ja on taivaallisia ruumiita ja maallisia ruumiita;
mutta toinen on taivaallisten kirkkaus, toinen taas
maallisten. Toinen on auringon kirkkaus ja toinen
kuun kirkkaus ja toinen tähtien kirkkaus, ja toinen
tähti voittaa toisen kirkkaudessa.*

*- 1 Korinttolaiskirje 15:40-41*

Taivaan onnellisuutta ei voida verrata edes tämän maailman parhaisiin ja iloisimpiin asioihin. Vaikka sinä nauttisit olostasi rakkaimpiesi kanssa rannalla maaten ja horisonttia katsellen, tämänkaltainen onnellisuus on vain hetkellistä, eikä se ole todellista. Mielesi nurkissa piilee silti huolia asioista joita sinä tulet kohtaamaan kun palaat takaisin jokapäiväiseen elämään. Tämänkaltaisen elämän jatkuessa kuukauden parin tai vuoden ajan, sinä alat tuntea olosi tylsäksi ja etsiä jotain uutta tekemistä.

Elämä taivaassa jossa kaikki on kirkasta ja kaunista kuin kristalli on kuitenkin itse onnellisuutta, sillä kaikki on jatkuvasti uutta, salaperäistä, iloista ja onnellista. Sinä voit viettää ihania hetkiä Isä Jumalan ja Herran kanssa, tai sinä voit nauttia harrastuksistasi, lempipeleistäsi ja kaikista muista mielenkiintoisista asioista niin paljon kuin vain haluat. Tarkistelkaamme nyt kuinka Jumalan lapset tulevat elämään heidän astuttua taivaaseen.

## Taivaassa Elämisestä Yleisesti

Kun sinun fyysisen ruumiisi vaihtuu hengelliseen kehoon, joka taivaassa muodostuu hengestä, sielusta ja kehosta, sinä voit myös tunnistaa tämän maailman vaimosi, aviomiehesi, lapsesi ja vanhempasi. Sinä voit myös tunnistaa tämän maan laumasi paimenen. Lisäksi sinä voit myös muistaa mitä on jo unohdettu tässä maassa. Sinä tulet olemaan hyvin viisas, sillä sinä kykenet ymmärtämään ja erottamaan Jumalan tahdon.

Jotkut saattavat kysyä: "Paljastuvatko kaikki syntini taivaassa?" Näin ei tule käymään. Jumala ei muista syntejäsi, sillä ne on siirretty niin kauas kuin itä on lännestä jos sinä olet jo katunut (Psalmit 103:12). Sen sijaan Hän muistaa vain sinun hyvät tekosi, sillä kaikki sinun syntisi on jo annettu anteeksi siihen mennessä kun sinä olet taivaassa.

Kuinka sinä tulet sitten muuttumaan ja elämään kun menet taivaaseen?

### Taivaalliset Kehot

Kaikilla tämän maailman ihmisillä ja eläimillä on omat tuntomerkkinsä niin että ne voidaan tunnistaa ja erottaa toisistaan, oli sitten kyseessä elefantti, leijona, kotka tai ihminen.

Taivaassa, joka on neliulotteinen maailma, ihmisillä on omat ainutlaatuiset kehonsa aivan niin kuin meillä on oman muotoiset ja -kokoiset kehomme täällä kolmiulotteisessa maailmassa. Miltä tämä taivaallinen keho tulee sitten näyttämään?

Herran palatessa taivaan halki kaikki me muutamme hengelliseen, ylösnousevaan kehoomme. Tämä hengellinen keho muuttuu taivaalliseksi kehoksi Suuren tuomiopäivän jälkeen. Tämä taivaallinen keho on kauniimpi kuin hengellinen keho. Tästä taivaallisesta kehosta loistava kirkkaus tulee olemaan erilainen henkilön saamista palkkioista riippuen.

Taivaallisessa kehossa on luita ja lihaa aivan kuten Jeesuksen kehossa heti Hänen kuolleista nousemisensa jälkeen (Joh. 20:27), mutta se on silti uusi keho joka koostuu hengestä, sielusta ja katoamattomasta ruumiista. Katoava kehomme muuttuu uudeksi Jumalan sanan ja voiman vaikutuksesta.

Ikuisesti katoamattomista luista ja lihasta koostuva taivaallinen keho tulee loistamaan, sillä se puhdas ja virkistynyt. Jopa puuttuva käsi tai jalka tai muu vaiva tulee korjaantumaan taivaan täydellisessä kehossa.

Taivaallinen keho ei ole varjon tavoin häälyvä vaan sillä on selvä muoto, eikä se ole ajan tai tilan hallitsema. Tämän tähden Jeesus saattoi kulkea vapaasti seinien läpi Hänen ilmestyessä opetuslapsilleen ylösnousemuksensa jälkeen (Joh. 20:26).

Tämän maailman keho on ryppyinen ja se voi olla karkea vanhaksi tultuaan, mutta taivaallinen keho tulee olemaan katoamaton ja virkistynyt niin että se on nuori ja auringon tavoin kirkkaasti loistava.

### 33-vuotias

Monet ihmiset miettivät sitä, tuleeko taivaallinen keho olemaan suuri ja aikuisen kokoinen, vaiko pieni ja lapsen kokoinen. Taivaassa kaikki tulevat omaamaan ikuisen 33-vuotiaan ihmisen nuoruuden siitä riippumatta kuinka vanhoja he olivat kuollessaan, sillä tämä oli Jeesuksen ikä kun hänet ristiinnaulittiin maan päällä.

Miksi Jumala sallii sinun elävän taivaassa ikuisesti 33-vuotiaana? Samalla tavoin kuin aurinko on kirkkain keskipäivän aikaan, niin ovat ihmisen parhaimmat vuodet 33:n vuoden iän paikkeilla.

30:tä nuoremmat voivat olla hieman kokemattomia ja epäkypsiä, kun taas yli 40 olevat menettävät energiaansa ja vanhentuvat. 33:n vuoden paikkeilla ihmiset ovat kypsiä ja kauniita kaikin tavoin. Useimmat heistä menevät myös naimisiin, ja saavat ja kasvattavat lapsia, joten he ymmärtävät tiettyyn pisteeseen saakka ihmisiä tämän maan päällä kasvattavan Jumalan sydäntä.

Tällä tavoin Jumala muuttaa sinun vartalosi taivaalliseksi kehoksi joka säilyttää kaikista kauneimman iän, eli 33-vuotiaan, nuoruuden taivaan päällä ikuisesti.

### Biologisia Suhteita Ei Ole Olemassa

Kuinka hassua olisikaan jos sinun pitäisi elää taivaassa näyttäen ikuisesti sen ikäiseltä kuin mitä sinä olit kuollessasi. Sanokaamme että mies kuoli ollessaan 40-vuotias ja meni taivaaseen. Hänen poikansa meni taivaaseen 50-vuotiaana, ja hänen pojanpoikansa kuoli 90-vuotiaana ja meni taivaaseen. Heidän kohdatessaan taivaassa pojanpoika olisi kaikista vanhin ja isoisä olisi kaikista nuorin

Joten taivaassa, jota Jumala hallitsee oikeudenmukaisuudella ja rakkaudella, kaikki tulevat olemaan 33-vuotiaita, ja tässä maassa vallitsevat fysikaaliset ja biologiset suhteet eivät päde.

Kukaan ei kutsu toista 'isäksi', 'äidiksi', 'pojaksi' tai 'tyttäreksi' taivaassa vaikka he olisivatkin olleet vanhempia tai lapsia maan päällä ollessaan. Tämä johtuu siitä että Jumalan lapsina taivaassa kaikki ovat veljiä ja sisaria toisilleen. He voivat rakastaa toisiaan erityisen paljon sillä he tietävät olleensa vanhempia ja lapsia sekä rakastaneensa toisiaan tässä maailmassa ollessaan.

Mitä sitten tapahtuu jos äiti menee taivaan Toiseen Kuningaskuntaan ja hänen poikansa Uuteen Jerusalemiin? Tässä maailmassa pojan täytyy tietenkin palvella äitiään. Taivaassa äiti kuitenkin kumartaa poikansa edessä sillä tämä on enemmän Isä Jumalan kaltainen äiti, ja pojan kehosta loistava kirkaus on hänen äitinsä kirkkautta suurempi.

Joten sinä et kutsu toisia samoilla nimillä kuin mitä sinä käytät tässä maailmassa. Isä Jumala antaa kaikille uuden nimen jolla on hengellinen merkitys. Jopa tässä maailmassa Jumala muutti Abramin nimen Aabrahamiksi, Sarain Saaraksi, ja Jaakobin Israeliksi, mikä tarkoitti että hän oli kamppaillut Jumalan kanssa ja voittanut.

## Miesten ja Naisten Välinen Ero Taivaassa

Huolimatta siitä että taivaassa ei ole avioliittoa siellä on silti selvä miesten ja naisten välinen ero. Ensinnäkin miesten pituus on 180-185 cm, kun taas naiset ovat noin 10 cm lyhyempiä. Jotkut ihmiset murehtivat paljon pituutensa tähden ajatellen olevansa liian pitkiä tai lyhyitä, mutta taivaassa tällaiseen murehtimiseen ei ole tarvetta. Siellä ei ole myöskään mitään tarvetta murehtia painosta, sillä siellä kaikilla on sopivin ja kaikista kaunein mahdollinen muoto.

Taivaallinen keho ei paina mitään vaikka siltä vaikuttaisikin, ja niin sinä voit kävellä vaikka kukkien päällä ilman että ne tallautuisivat tai painautuisivat maahan. Taivaallista kehoa ei voida punnita, mutta se ei silti ole altis tuulen voimalle sillä se on hyvin vakaa. Painon omaaminen tarkoittaa sitä, että vaikka sinä et tunnekaan tätä painoa, se antaa sinulle muodon ja ulkonäön. Tätä voidaan verrata paperiarkin nostamiseen: sinä tiedät että sillä on painoa mutta sinä et tunne sitä.

Hiukset ovat taivaassa vaaleat ja hieman aaltoilevat. Miesten hiukset ulottuvat kaulaan asti mutta naisten hiusten pituus vaihtelee. Naisille pitkien hiusten omaaminen tarkoitaa sitä että he ovat saaneet runsaasti palkkioita, ja kaikista pisimmät hiukset ulottuvat lanteille saakka. Joten naisille pitkien hiusten omaaminen on suuri kunnia ja ylpeyden aihe (1. Korinttolaiskirje 11:15).

Tässä maassa naiset yleensä unelmoivat ja toivovat saavansa vaalean ja pehmeän ihon. He käyttävät kosmetiikkatuotteita pitääkseen ihonsa pehmeänä ja rypyttömänä. Taivaassa kaikilla on virheetön iho joka on vaalea, kirkas ja puhdas, ja se loistaa kirkkauden valossa.

Taivaassa ei ole myöskään mitään tarvetta käyttää meikkiä tai huolehtia ulkonäöstä, sillä siellä ei ole yhtään pahuutta ja kaikki näyttää siellä kauniilta. Taivaallisesta kehosta loistava kirkkauden valo loistaa sitä valkoisempana, kirkkaampana ja puhtaampana mitä pyhittyneempi henkilö on ja mitä enemmän Herran sydämen kaltainen. Tämän mukaan päätetään ja ylläpidetään myös taivaan järjestystä.

## Taivaallisten Ihmisten Sydämet

Taivaallisten kehojen ihmiset omaavat hengen sydämen joka kuuluu hengelliseen maailmaan ja jossa ei ole yhtään pahuutta. Jopa taivaallisen kehon omaavien ihmisten sydän tahtoo tuntea toisten kauneuden sekä katsoa ja koskea heitä, iloiten samalla tavalla kuin ihmiset tässä maailmassa tahtovat omata ja koskea kaikkea mikä on hyvää ja kaunista.

Tämän maailman ihmiset muuttuvat oman etujensa mukaisesti, ja he kyllästyvät helposti asioihin vaikka ne olisivatkin hyviä ja kauniita. Taivaallisen kehon omaavat ihmiset eivät kuitenkaan omaa yhtään kieroutta eivätkä he koskaan muutu.

Tässä maailmassa köyhät ihmiset esimerkiksi voivat pitää syömäänsä halpaa ja huonolaatuista ruokaa hyvinkin herkullisena. Rikastuessaan he eivät ole enää tyytyväisiä siihen ruokaan jota he ennen pitivät herkullisena ja niin he alkavat etsiä parempaa ruokaa. Lapset ovat aluksi hyvin onnellisia kun heille

ostetaan uusi lelu mutta muutaman päivän kuluttua he eivät
enää pidä siitä ja he alkavat haluta uutta lelua. Taivaassa tällaista
asennetta ei kuitenkaan ole, ja sinä tulet pitämään ikuisesti siitä
mitä olet kerran halunnut.

# Vaatetus Taivaassa

Jotkus saattavat olettaa että vaatetus on taivaassa kaikille sama.
Näin ei kuitenkaan ole. Jumala on Luoja sekä oikeudenmukainen
Tuomari, joka antaa sinulle sen mukaan mitä olet tehnyt. Joten
samalla tavalla kuin palkkiot eroavat taivaassa, niin myös taivaan
vaatetus eroaa tämän maan tekojen mukaan (Ilmestyskirja
22:12). Minkälaisia vaatteita sinä sitten pidät ja kuinka sinä
koristelet niitä taivaassa?

### Eriväriset ja –malliset Taivaalliset Vaatteet

Taivaassa kaikki pitävät kirkkaita, valkeita ja loistavia vaatteita.
Ne ovat silkinpehmeitä ja niin keveitä että ne tuntuvat olevan
painottomia ja ne heiluvat kauniisti tuulen mukana.

Ihmisten vaatteista lähtöisin oleva kirkkaus ja loisto vaihtelee
sen mukaan kuinka pyhittyneitä nämä ihmiset ovat. Mitä
enemmän henkilö muistuttaa Jumalan sydäntä, sitä kirkkaammin
ja hehkuvammin hänen vaatteensa loistavat.

Sinut palkitaan myös erityyppisillä vaatteilla ja materiaaleilla
sen mukaan kuinka paljon työtä sinä olet tehnyt Jumalan
valtakunnan eteen ja kuinka paljon sinä olet kirkastanut Jumalaa.

Tässä maailmassa ihmiset pitävät erilaisia vaatteita sosiaalisen ja taloudellisen asemansa mukaan. Taivaassa on samoin, ja mitä korkeamman aseman sinä siellä omaat sitä enemmän värejä ja yksityiskohtia sinä kannat vaatteissasi. Myös ihmisten hiustyylit ja lisäasusteet ovat erilaisia.

Ennen vanhaan ihmiset tunnistivat toisten sosiaalisen aseman pelkästään katsomalla näiden vaatteiden värejä. Samalla tavalla taivaan ihmiset voivat tunnistaa toisille annetun aseman ja näiden palkkioiden määrän. Tietyn väristen ja -tapaisten vaatteiden pitäminen kielii siitä että sinä olet saanut osaksesi suuremman kirkkauden.

Joten ne jotka ovat astuneet Uuteen Jerusalemiin tai jotka ovat tehneet paljon Jumalan valtakunnan eteen saavat osakseen kauneimmat, värikkäimmät ja upeimmat vaatteet.

Sinä saat kuitenkin vain muutaman vaatekappaleen osaksesi jos sinä et ole tehnyt paljoa Jumalan valtakunnan eteen. Sinä voit kuitenkin saada osaksesi lukemattomia useanvärisiä ja -tyylisiä vaatteita jos sinä olet työskennellyt kovasti rakkaudella ja uskolla.

## Eri Tavalla Koristellut Vaatteet

Jumala antaa eri tavalla koristeltuja vaatteita osoittaakseen jokaisen kirkkauden. Kuten menneisyyden kuninkaalliset perheet jotka osoittivat asemansa vaatetuksensa koristuksilla, niin myös taivaan vaatteet osoittavat henkilöiden aseman ja kirkkauden erilaisten koristeiden avulla.

Vaatteisiin voidaan ommella kiitoksen, ylistyksen, rukouksen, kunnian ynnä muun koristeita. Laulaessasi tässä maailmassa ylistystä kiitollisin mielin Isä Jumalan ja Herran rakkauden tähden tai laulaessasi Herran ylistystä Hän ottaa vastaan sinun sydämesi ja asettaa taivaallisiin vaatteisiisi ylistyksen koristeen.

Ilon ja kiitoksen koristeet annetaan niille ihmisille jotka ovat olleet todella iloisia ja kiitollisia sydämessään, muistamalla jopa surujen ja maailman koettelemusten keskellä Isä Jumalan armon joka antoi heille ikuisen elämän ja taivaan valtakunnan.

Rukouksen koriste annetaan niille jotka ovat rukoilleet elämällään Jumalan valtakunnan puolesta. Kaikista näistä koristeista kaunein on kunnian koriste. Tämän ansaitseminen on kaikista vaikeinta, sillä se annetaan vain niille jotka ovat tehneet kaiken Jumalan kunniaksi sydämiensä pohjasta. Samalla tavoin kuin kuningas tai presidentti palkitsee ansioituneen sotilaan mitalilla, kunnian koriste annetaan vain niille jotka ovat työskennelleet väsymättä Jumalan valtakunnan edestä ja jotka ovat tuottaneet kunniaa Jumalalle. Joten se, joka pukee ylleen kunnian koristeella koristellut vaatteet, on kaikista korkea-arvoisin taivaan valtakunnassa.

## Kruunujen ja Jalokivien Palkkiot

Taivas on täynnä lukemattomia jalokiviä. Osa näistä jalokivistä annetaan palkkioina ja laitetaan vaatteisiin. Ilmestyskirja kertoo, että Herralla on kultainen kruunu päässään ja nauha rinnallaan, ja nämä ovat Jumalan Hänelle antamia palkkioita.

Raamattu mainitsee useita erilaisia kruunuja. Vaatimukset kruunun saamiseksi ja kruunujen eri arvot vaihtelevat molemmat sillä ne annetaan palkkioina.

On olemassa monenlaisia ihmisten tekojen perusteella annettavia eri kruunuja. Yksi esimerkki on katoamaton kruunu joka annetaan niille jotka ottavat osaa kilpailuihin (1.Korinttolaiskirje 9:25), kirkkauden kruunu joka annetaan niille jotka kirkastavat Herraa (1. Pietarin kirje 5:4), elämän kruunu joka annetaan niille jotka olivat uskollisia kuolemaan saakka (Jaakobin kirje 1:12; Ilmestyskirja 2:10), kultainen kruunu jota 24 vanhinta kantavat Jumalan Valtaistuimen ympärillä (Ilmestyskirja 4:4; 14:14), sekä vanhurskauden kruunu josta apostoli Pietari unelmoi (2. Kirje Timoteukselle 4:8).

On myös olemassa useita erityylisiä jalokivin koristeltuja kruunuja, kuten kullalla koristeltu kruunu, kukkien kruunu, helmien kruunu, ja niin edespäin. Henkilön pyhyys ja hänen saamansa palkkiot on siis tunnistettavissa hänen kruunustaan.

Tässä maailmassa kuka tahansa jolla on rahaa saattaa ostaa jalokiviä, mutta taivaassa sinä voit omista jalokiviä ainostaan jos ne on annettu sinulle palkkiona. Sinulle annettavien palkkioiden määrää riippuu siitä kuinka monta ihmistä sinä olet johtanut pelastukseen, kuinka paljon sinä olet uhrannut vilpittömin sydämin, kuinka uskollinen sinä olet ollut, ja niin edelleen. Jalokivien ja kruunujen täytyy siis olla erilaisia, sillä niitä annetaan eri ihmisille näiden erilaisten tekojen mukaan. Myös kruunujen ja jalokivien kauneus, loisto, kirkkaus ja lukumäärä vaihtelevat.

Sama koskee myös taivaan asuinsijoja ja taloja. Asuinsijat vaihtelevat ihmisten uskon mukaan; niiden koot ja kauneus vaihtelevat niinkuin myös talojen kullan ja jalokivien loistokin.

111

Sinä voit tarkastella näitä taivaallisten asuisijojen asioita tarkemmin luvusta 6 eteenpäin.

# Ruoka Taivaassa

Ensimmäisen ihmisen Aatamin eläessä Eevan kanssa Eedenin puutarhassa he söivät vain hedelmiä ja siemeniä kantavia kasveja (Genesis 1:29). Kun Aatami sitten kuitenkin ajettiin ulos Eedenin puutarhasta tottelemattomuuden takia, hän ja Eeva alkoivat syödä pelloilla kasvavia kasveja. Suuren tulvan jälkeen ihmisten sallittiin syödä myös lihaa. Täten ihmisten muuttuessa pahemmiksi myös heidän syömänsä ruoka on muuttunut sen mukaisesti.

Mitä sinä sitten tulet syömään taivaassa, missä pahuutta ei ole ollenkaan? Jotkut saattava miettiä tarvitseeko taivaallisen kehon syödä ollenkaan. Taivaassa sinä voit juoda Elämän Vettä ja syödä useita erilaisia hedelmiä, tai sitten sinä voit ainoastaan nauttia niiden tuoksusta jos haluat kokea iloa.

## Taivaallisen Kehon Hengittäminen

Taivaalliset kehot hengittävät taivaassa samalla tavalla kuin me hengitämme täällä maan päällä. Taivaallisen kehon ei tietenkään tarvitse hengittää pysyäkseen elossa niinkuin täällä maan päällä, mutta se voi levähtää hengityksen aikana. Joten se ei hengitä pelkästään suun ja nenän avulla, vaan myös silmien ja kaikkien solujensa avulla tai jopa sydämellään.

Jumala hengittää sydämiemme suitsuketta, sillä Hän on Henki. Hän oli tyytyväinen oikeamielisten miesten uhrien takia ja Hän hengitti heidän sydämiensä tuoksua Vanhan testamentin aikana (Genesis 8:21). Uudessa testamentissa puhdas ja tahraton Jeesus antoi itsensä meidän puolestamme, antaen Jumalalla suloisentuoksuisen uhrin (Efesolaiskirje 5:2).

Joten Jumala tuntee sinun sydämesi tuoksun aina kun sinä palvot, rukoilet tai laulat ylistystä Hänelle puhtain sydämin. Mitä enemmän sinä muistutat Herraa ja tulet vanhurskaaksi, sitä enemmän sinä levität Kristuksen tuoksua ja sinut otetaan vastaan arvokkaana uhrina Jumalalle. Jumala kuulee sinun ylistyksesi ja rukouksesi ilolla hengityksen kautta.

Matteus 26:29 kertoo, että Herra on rukoillut sinun puolestasi syömättä aina siitä lähtien kun Hän nousi taivaaseen kaksi vuosituhatta sitten. Taivaassa sinun taivaallinen kehosi voi elää samalla tavalla syömättä tai hengittämättä. Sinä itse tulet myös elämään ikuisesti mentyäsi taivaaseen sillä sinä muutat taivaalliseen kehoon joka ei katoa koskaan.

Taivaallinen keho voi kuitenkin tuntea enemmän iloa ja onnellisuutta kun se hengittää ja sen henki virkistyy ja elpyy. Taivaallinen keho nauttii taivaan suloisten tuoksujen hengittämisestä samalla tavalla kuin sinä yrität tasapainottaa ruokavaliotasi maan päällä nauttiaksesi hyvästä terveydestä.

Joten taivaallinen keho hengittää suloisia tuoksuja kun useat erilaiset kukat ja hedelmät levittävät tuoksuaan. Vaikka kukat levittävätkin samaa tuoksua uudelleen ja uudelleen, se saa sinut silti aina tuntemaan olosi onnelliseksi ja tyytyväiseksi.

Nämä suloiset tuoksut leviävät taivaalliseen kehoon

parfyymin tavoin sen tuntiessa kukkien ja hedelmien tuoksun. Keho levittää tätä tuoksua kunnes se on kokonaan haihtunut. Samalla tavalla kuin sinusta tuntuu hyvältä laittaa parfyymiä tässä maailmassa, sinun taivaallinen kehosi on onnellisempi sen tuoksuessa näiden suloisten tuoksujen tähden.

## Hengityksen Kautta Haihtuminen

Kuinka ihmiset sitten syövät ja jatkavat elämäänsä taivaassa? Raamatussa Herra ilmestyi opetuslastensa edessä ylösnousemuksensa jälkeen, ja Hän hengitti ulos (Joh 20:22) ja söi ruokaa (Joh. 21:12-15). Syy siihen että ylösnoussut Herra söi ruokaa ei ole että Hän oli nälkäinen, vaan että Hän halusi jakaa opetuslastensa ilon ja ilmoittaa että myös sinä tulet syömään taivaassa taivaallisessa kehossasi. Tämän tähden Raamattu kertoo että Jeesus Kristus söi leipää ja kalaa aamiaiseksi ylösnousemuksensa jälkeen.

Miksi Raamattu sitten kertoo että Herra hengitti ulos Hänen ylösnousemuksensa jälkeen? Syödessäsi ruokaa taivaassa se hajoaa välittömästi ja haihtuu ilmaan hengityksesi mukana. Taivaassa ruoka siis hajoaa välittömästi ja se jättää kehon hengityksen kautta. Täten erittämiseen tai kylpyhuoneisiin ei ole mitään tarvetta. Kuinka mukavaa ja ihmeellistä onkaan että nautittu ruoka jättää kehon tuoksuna hengityksen kautta ennen haihtumistaan!

# Kuljetus Taivaassa

Kautta koko ihmiskunnan historian nopeampia ja mukavampia kuljetusvälineitä on keksitty sitä mukaan kun sivilisaatiot ja tiede on edistynyt. Näihin välineisiin kuuluvat kärryt, vaunut, autot, laivat, junat, lentokoneet ja muut vastaavat. Myös taivaassa on erilaisia kuljetusvälineitä. Siellä on julkisia kulkuvälineitä kuten junia, sekä yksityisiä kulkuvälineitä kuten pilviautoja ja kultaisia vaunuja.

Taivaassa taivaallinen keho voi liikkua hyvin nopeasti ja jopa lentää, sillä se on ajan ja paikan ulkopuolella, mutta silti on hauskempaa ja mukavampaa käyttää palkintoina annettuja kulkuvälineitä.

## Matkustaminen ja Liikkuminen Taivaassa

Kuinka ihmeellistä ja onnellista olisikaan jos sinä voisit matkustaa ympäri taivasta ja nähdä kaikki kauniit ja ihmeelliset asiat mitä Jumala on valmistanut!

Jokainen taivaan kolkka omaa ainutlaatuista kauneutta, ja niin sinä saat nauttia sen jokaisesta osasesta. Koska taivaallisen kehon sydän ei koskaan muutu, se ei myöskään koskaan tylsisty tai väsy vierailemaan samassa paikassa. Joten taivaassa matkustaminen on aina hauska ja mielenkiintoinen aktiviteetti.

Taivaalliset kehot eivät oikeasti tarvitse minkäälaista apua liikkumisessa, sillä ne eivät koskaan väsy ja ne ovat kykeneväisiä jopa lentämiseen. Erilaisten kulkuneuvojen käyttäminen tekee liikkumisesta kuitenkin paljon mukavampaa. Samalla tavalla bussissa matkustaminen on kävelemistä helpompaa ja auton ajaminen on bussimatkustusta tai junaliikennettä mukavampaa ja helpompaa tässä maailmassa.

Sinä voit saavuttaa määränpääsi ilman mitään raiteita kun sinä matkustat taivaan junassa joka on useilla väreillä ja jalokivillä koristeltu. Tämä juna voi liikkua vapaasti niin oikealle kuin vasemmallekin tai jopa ylös- ja alaspäin.

Mennessään Uuteen Jerusalemiin Paratiisiin asukkaat käyttävät taivaan junaa sillä nämä kaksi paikkaa ovat sangen kaukana toisistaan. Tämä on matkustajille suuri huvin aihe. Kirkkaiden värien lävitse lentäessään he voivat nähdä taivaan kauniit maisemat ikkunoiden kautta. Ajatus siitä että he tulevat näkemään Isä Jumalan saa heidät yhä onnellisemmaksi.

Taivaan kuljetusvälineiden joukossa on myös kultainen vaunu jota eräs tietty Uuden Jerusalemin henkilö käyttää matkustaessaan ympäri taivasta. Vaunulla on valkeat siivet ja siinä on sisällään nappi. Tätä nappia käyttämällä tämä vaunu liikkuu täysin itsestään ja se voi lisätä vauhtia tai jopa lentää omistajansa tahdon mukaan.

## Pilviauto

Taivaassa pilvet ovat kuin taivaan kauneutta lisäämään tarkoitettuja koristeita. Joten taivaallinen keho loistaa kirkkaammin kun se menee jonnekin pilvien ympäröimänä verrattuna siihen kuinka se loistaisi jos se menisi ilman pilviä. Pilvet voivat myös välittää muille pilvien ympäröimän taivaallisen kehon arvokkuutta, kunniaa ja auktoriteettia, ja saa muut kunnioittamaan tätä.

Raamattu sanoo että Herra tulee pilvissä (1. Tessalonikalaiskirje 4:16-17), ja tämä johtuu siitä että kunnian pilvissä tuleminen on paljon majesteettisempaa, arvokkaampaa ja kauniimpaa kuin tuleminen ilman halki ilman mitään muuta. Samalla tavalla taivaan pilvet ovat olemassa Jumalan lasten kirkkauden lisäämiseksi.

Jos sinä saat astua Uuteen Jerusalemiin sinä saat omaksesi mitä ihmeellisemmän pilviauton. Kuka tahansa ei kuitenkaan saa pilviautoa, sillä se annetaan vain niille jotka saavat astua Uuteen Jerusalemiin tultuaan täysin pyhitetyksi ja oltuaan uskollinen koko Jumalan talossa.

Ne, jotka saavat astua Uuteen Jerusalemiin, voivat mennä Herran kanssa mihin tahansa tällä pilviautolla. Matkan aikana taivaallinen isäntä ja enkelit saattavat ja palvelevat heitä samaan tapaan kuin useat ministerit palvelevat kuningasta tai prinssiä tämän matkustaessa. Joten taivaallisen isännän ja enkelien saattue ja palveleminen kielivät omistajan kunniasta ja hänen arvostaan.

Pilviautot ovat yleensä enkelien ajamia. Nämä autot voivat olla joko yksityiskäyttöä varten tarkoitettuja yhden istuttavia autoja tai sitten useaistuimisia kulkuneuvoja joissa useat ihmiset voivat matkustaa yhdessä. Uuteen Jerusalemiin astuneen henkilön pelatessa golfia ja liikkuessa ympäri kenttää hänen pilviautonsa tulee ja pysähtyy hänen jalkojensa juureen. Hänen noustuaan kyytiin tämä kulkuneuvo siirtyy pehmeästi pallon luokse yhdessä hetkessä.

Kuvittele että sinä lennät taivaalla pilviauton kyydissä taivaallisten isäntien ja Uuden Jerusalemin enkelien saattamana.

117

Kuvittele myös, että sinä olet pilviauton kyydissä Herran kanssa tai että sinä matkustat rakkaimpiesi kanssa suuren ja laajan taivaan halki taivaan junassa. Sinä olisit luultavasti täysin ilon häkellyttämä.

# Viihde Taivaassa

Jotkut saattavat kuvitella ettei taivaallisena olentona eläminen ole yhtään hauskaa, mutta näin ei kuitenkaan ole. Tässä maailmassa sinä väsyt helposti etkä sinä ole helpolla täysin tyytyväinen huolimatta siitä miten hauskaa sinulla on. Taivaallisessa maailmassa "hauskuus" on aina uutta ja virkistävää.

Tästä johtuen sinä voit kokea syvempää rakkautta ja suurempaa onnellisuutta tässäkin maailmassa mitä enemmän sinä saavutat kokonaista henkeä. Taivaassa sinä voit nauttia harrastustesi lisäksi monenlaisesta muusta viihteestä, ja tämä on kaikki niin paljon viihdyttävämpää kuin mikään tämän maailman viihteen muoto ettei näitä voida edes verrata keskenään.

### Harrastuksista ja Peleistä Nauttiminen

Samalla tavoin kuin ihmiset kehittävät lahjojaan ja tekevät elämistään mielekkäämpiä harrastustensa kautta täällä maan päällä, sinä voit nauttia harrastuksistasi myös taivaassa. Niiden harrastusten lisäksi mistä sinä pidit maan päällä sinä voit nauttia myös kaikista niistä asioista joista sinä jouduit pidättäytymään maan päällä Jumalan työtä tehdäksesi, ja sinä voit tehdä tehdä niitä niin paljon kuin tahdot. Sinä voit myös oppia uusia asioita.

Musiikki-instrumenteista kiinnostuneet voivat ylistää Jumalaa harppua soittamalla. Sinä voit myös opetella soittamaan pianoa, huilua tai useita muita instrumentteja. Näiden oppiminen tapahtuu myös hyvin nopeasti sillä kaikki ovat paljon viisaampia taivaassa.

Sinä voit myös keskustella luonnon tai taivaallisten eläinten kanssa itseäsi ilahduttaaksesi. Jopa kasvit ja eläimet tunnistavat Jumalan lapset, toivottavat heidät tervetulleiksi, ja ilmaisevat rakkautensa ja kunnioituksensa heitä kohtaan.

Sinä voit myös nauttia useista erilaisista urheilulajeista kuten tenniksestä, koripallosta, keilailusta, golfista ja riippuliitämisestä, mutta et kuitenkaan painista, nyrkkeilystä tai muista lajeista joissa vahingoitetaan toisia. Tilat ja välineet urheilua varten eivät ole ollenkaan vaarallisia. Ne on tehty ja valmistettu ihmeellisistä materiaaleista ja koristeltu kullalla ja jalokivillä jotta ne tuottaisivat sinulle yhä enemmän iloa urheilemisen aikana.

Urheiluvälineet tunnistavat lisäksi ihmisten sydämet ja tuottavat yhä enemmän iloa. Jos sinä esimerkiksi nautit keilailusta, niin pallo ja keilat vaihtavat väriä ja asettuvat sellaisille paikoille ja sellaisen välimatkan päähän kuin sinä haluat. Keilat kaatuvat kauniiden valojen ja iloisten äänien säestämänä. Keilat asettuvat paikoilleen tahtosi mukaan tehdäksesi sinut onnellisemmaksi jos sinä tahdot hävitä vastustajallesi.

Taivaassa ei ole myöskään mitään pahuutta joka tahtoisi voittaa tai päihittää toiset. Voittaminen tarkoittaa muiden miellyttämistä ja huomiomista. Jotkut saattavat kyseenalaistaa tällaisen pelin tarkoituksenmukaisuuden jossa ei ole voittajia eikä häviäjiä, mutta taivaassa sinä et ilostu siitä että voitat päihittämällä jonkun muun. Pelin pelaamisessa on itsessään tarpeeksi ilon aihetta.

Tietenkin on olemassa pelejä joista nautitaan niiden hyvän ja reilun kilpailun takia. On olemassa esimerkiksi kilpailuja joissa voittaja palkitaan sen mukaan kuinka paljon tuoksuja hän voi hengittää kukista, kuinka hyvin hän sekoittaa näitä tuoksuja keskenään, sekä kuinka hyvältä hän tämän takia tuoksuu, ja niin edelleen.

## Viihteen Eri Muodot

Jotkut peleistä pitävät kysyvät, onko taivaassa sellaisia asioita kuin pelihalleja. Tietenkin taivaassa on useita pelejä jotka ovat paljon nautittavampia kuin tämän maan pelit.

Taivaan pelit, toisin kuin tämän maan pelit, eivät kuitenkaan huononna näkökykyäsi, etkä sinä koskaan väsy niihin. Päinvastoin, sinä tunnet olosi virkistyneeksi ja rauhalliseksi niiden pelaamisen jälkeen. Sinä tunnet mielihyvää etkä sinä koskaan menetä mielenkiintoasi voittaessasi tai saadessasi parhaimman pistemäärän.

Taivaassa ihmiset ovat taivaallisissa kehoissaan, joten he eivät pelkää että he putoaisivat sellaisista huvipuiston laitteista kuin esimerkiksi vuoristoradasta. He tuntevat vain jännitystä ja mielihyvää. Joten vaikka sinä kärsisitkin maan päällä korkeanpaikankammosta, sinä voit taivaassa nauttia näistä asioista sydämesi kyllyyteen saakka.

Sinä et vahingoittuisi taivaallisen kehosi tähden vaikka sinä putoaisitkin vuoristoradasta. Sinä laskeudut maahan turvallisesti ikäänkuin jonkin kampailulajin mestari, tai sitten enkelit suojelevat sinua. Joten kuvittele olevasi vuoristoradan kyydissä, huutaen Herran ja kaikkien rakkaimpiesi kanssa. Kuinka onnellista ja iloista se olisikaan!

## Palvonta, Opetus ja Kulttuuri Taivaassa

Taivaassa ei ole tarvetta työskennellä ruuan, vaatteiden tai asutuksen eteen. Jotkut saattavat ihmetellä "Mitä me sitten teemme koko ikuisuuden ajan? Emmekö me muutu avuttomiksi mitään tekemättä?" Ei ole kuitenkaan mitään syytä murehtimiseen.

Taivaassa on niin paljon asioita joista sinä voit nauttia. Siellä on useanlaisia mielenkiintoisia ja jännittäviä aktiviteetteja ja tapahtumia, kuten esimerkiksi pelejä, opetusta, palvonnanpaikkoja, juhlia ja festivaaleja, matkustelua ja urheilua.

Sinun ei tarvitse ottaa osaa näihin aktiviteetteihin eikä sinua siihen pakoteta. Kaikki tekevät kaiken vapaaehtoisesti ja ilolla, sillä kaikki mitä sinä teet tuottaa sinulle suunnattomasti iloa.

### Palvo Iloiten Luojan Edessä

Sinä palvot Jumalaa tiettyinä aikoina myös taivaassa aivan samalla tavalla kuin sinä olet osallistunut palveluksiin ja jumalanpalveluksiin tiettyinä aikoina myös maan päällä. Jumala ilmoittaa sanomansa, ja tämän sanoman kautta sinä opit Jumalan alkuperästä sekä hengellisestä maailmasta jolla ei ole alkua eikä loppua.

Yleensä ne jotka pärjäävät opinnoissaan hyvin odottavat innolla oppitunteja ja opettajan näkemistä. Jopa uskon elämässä ne jotka rakastavat Jumalaa ja palvovat hengessä ja totuudessa odottavat malttamattomina erilaisia jumalanpalveluksia sekä elämän sanaa saarnaavan paimenen äänen kuulemista.

Taivaaseen päästyäsi sinä saat kokea iloa ja onnellisuutta Jumalaa palvellessasi ja sinä odotat malttamattomana Hänen sanansa kuulemista. Sinä voit kuunnella Jumalan sanaa jumalanpalvelusten kautta, keskustella ajoittain Jumalan kanssa, tai kuunnella Herran sanoja. Siellä on myös rukoushetkiä. Sinä et kuitenkaan polvistu tai rukoile suljetuin silmin niin kuin sinä teet maan päällä, vaan tämä on hetki jolloin sinä keskustelet Jumalan kanssa. Taivaassa rukoukset ovat keskusteluja Isä Jumalan, Herran ja Pyhän Hengen kanssa. Kuinka onnellisia ja iloisia nämä ajat ovatkaan!

Sinä voit myös ylistää Jumalaa samalla tavalla kuin sinä ylistät maan päällä. Tämä ei kuitenkaan tapahdu millään tämän maailman kielellä, vaan sinä ylistät Jumalaa uusilla lauluilla. Yhdessä koettelemuksista selvinneet tai samaan kirkkoon maan päällä kuuluneet kokoontuvat yhteen paimeniensa kanssa palvomaan ja viettämään yhteisiä hetkiä.

Kuinka ihmiset voivat sitten palvoa yhdessä taivaassa ollessaan, varsinkin kun heidän asuinpaikkansa sijaitsevat eri paikoissa ympäri taivasta? Taivaassa taivaallisten kehojen kirkkaus vaihtelee asuisijojen mukaan, joten he lainaavat asianmukaiset vaatteet mennäkseen korkeamman tason paikoille. Joten ottaakseen osaa jumalanpalvelukseen Uudessa Jerusalemissa joka on täynnä kirkkauden valoa, kaikkien muualla asuvien ihmisten on lainattava sopivia vaatteita.

Sinä voit ottaa osaa palvontamenoihin taivaassa samalla tavalla kuin sinä voit katsoa ja ottaa osaa tapahtumiin satelliitin avulla samanaikaisesti ympäri maapalloa. Sinä voit ottaa osaa ja katsella Uudessa Jerusalemissa pidettävää jumalanpalvelusta kaikkialta käsin taivaassa. Näytöt taivaassa ovat kuitenkin niin luonnollisia että sinusta tuntuu kuin olisit paikan päällä osallistumassa tilaisuuteen.

Sinä voit myös kutsua uskon esi-isiä kuten Moosesta tai apostoli Paavalia ja palvoa yhdessä heidän kanssaan. Sinulla täytyy kuitenkin olla asiaankuuluva hengellinen auktoriteetti voidaksesi kutsua näitä arvostettuja henkilöitä.

## Uusien ja Syvien Hengellisten Salaisuuksien Oppiminen

Jumalan lapset oppivat useita hengellisiä asioita heidän ollessaan kasvatettavina tämän maan päällä. Mitä he täällä oppivat on kuitenkin vain askel joka on otettava taivaaseen päästäkseen. Taivaaseen päästyään he alkavat oppia uuteen maailmaan liittyviä asioita.

Jeesukseen Kristukseen uskovat esimerkiksi pysyvät kuollessaan Paratiisin liepeillä olevalla alueella – elleivät he ole sitten menossa Uuteen Jerusalemiin – ja täällä he alkavat oppia enkeleiltä taivaan sääntöjä ja etikettiä.

Voidaksesi elää tässä uudessa hengellisessä maailmassa sinun täytyy oppia yksityiskohtaisesti kuinka käyttäytyä taivaassa, samalla tavoin kuin tämän maailman ihmisten täytyy kasvaessaan oppia kuinka sopeutua yhteiskuntaan.

Jotkut saattavat ihmetellä miksi heidän täytyy yhä opiskella taivaassa kun he ovat jo oppineet niin monia asioita maan päällä. Tässä maassa oppiminen on hengellistä harjoittelua, ja todellinen oppiminen alkaa vasta sitten kun sinä olet jo astunut taivaaseen.

Oppimisen määrällä ei myöskään ole mitään rajoja, sillä Jumalan valtakunta on rajaton ja se tulee kestämään ikuisesti. Kuinka paljon tahansa sinä opitkin, sinä et voi oppia kaikkea Jumalasta joka on ollut ennen aikojen alkua. Sinä et voi koskaan tietää Jumalan syvyyttä joka on ollut olemassa ikuisesti, kuka on on hallinut koko maailmankaikkeutta ja kaikkea siihen kuuluvaa, ja kuka tulee olemaan olemassa ikuisesti.

Sinä siis ymmärrät että on olemassa lukuisia opittavia asioita kun sinä astut äärettömään hengelliseen maailmaan. Hengellinen oppiminen on kuitenkin hyvin mielenkiintoista ja hauskaa, toisin kuin jotkut tämän maailman opinnot.

Hengellinen oppiminen ei ole kuitenkaan pakollista eikä taivaassa ole kokeita. Sinä et koskaan unohda mitä olet oppinut, joten oppiminen ei ole vaikeaa tai raskasta. Sinulla ei ole koskaan tylsää, etkä sinä koskaan ole ilman mitään tekemistä taivaassa. Sinä olet yksinkertaisesti täysin onnellinen oppiessasi ihmeellisiä ja uusia asioita.

## Juhlia, Pitoja ja Esiintymisiä

Taivaassa on myös useanlaisia juhlia ja esiintymisiä. Nämä juhlat ovat ilon huipentumia taivaassa. Juhlissa sinä iloitset ja riemuitset katsellessasi taivaan rikkautta, vapautta, kauneutta ja kunniaa.

Tämän maailman ihmiset koristautuvat mitä kauneimmalla tavalla mennessään arvovaltaisiin juhliin missä he syövät, juovat ja nauttivat parhaista asioista, ja samalla tavalla sinä voit järjestää juhlia mitä kauneimmin koristautuneiden ihmisten kanssa. Juhlat ovat täynnä kaunista tanssimista, lauluja sekä onnellisuuden naurun ääniä.

Siellä on myös paikkoja kuten New Yorkin Carnegie Hall tai Sydneyn Oopperatalo Australiassa joissa sinä voit nauttia erilaisista esiintymisistä. Taivaassa ei esiinnytä kehuskelun tähden vaan ainoastaan Jumalan ylistämiseksi, ilon ja onnellisuuden tuottamiseksi Herralle sekä niiden jakamiseksi muiden kanssa.

Esiintyjät ovat enimmäkseen niitä jotka ovat ylistäneet Herraa suuresti maan päällä ylistyksin, tanssilla, soittimin, ja näytelmien avulla. Joskus nämä ihmiset saattavat esittää samoja musiikkikappaleita kun mitä he esittivät maan päällä. Myös ne jotka halusivat tehdä näitä asioita maan päällä mutta jotka eivät saaneet siihen mahdollisuutta olosuhteiden tähden voivat ylistää Jumalaa taivaassa uusilla lauluilla ja tansseilla.

Taivaassa on myös elokuvateattereita joissa sinä voit katsella elokuvia. Ensimmäisessä ja Toisessa Kuningaskunnassa elokuvia katsotaan yleensä yleisissä elokuvateattereissa. Kolmannessa Kuningaskunnassa ja Uudessa Jerusalemissa jokaisella asukkaalla on tähän omat tilat talossan. Ihmiset voivat katsella elokuvia itsekseen tai he voivat kutsua ystäviä luokseen katsomaan elokuvaa ja syömään pikkupurtavaa.

Raamattu kertoo, että apostoli Paavali kävi Kolmannessa Taivaassa, mutta että hän ei voinut paljastaa sitä muille (2. Korinttolaiskirje 12:4). On hyvin vaikeaa selittää asioita taivaasta sillä se ei ole maailma jota ihmiset tuntisivat tai ymmärtäisivät kovin hyvin. Sen sijaan on hyvin todennäköistä että ihmiset itse asiassa käsittävät asioita väärin taivaasta.

Taivas kuuluu hengelliseen maailmaan. On olemassa paljon asioita taivaasta joita sinä et voi ymmärtää tai kuvitella, sillä taivas on niin täynnä onnellisuutta ja iloa että sinä et voi ikinä kokea vastaavaa maan päällä.

Jumala on valmistanut kauniin taivaan jotta sinä voisit elää siellä, ja Hän rohkaisee sinua Raamatun kautta omaamaan tarvittavat pääsyvaatimukset.

Tämän tähden minä rukoilen Herran nimessä, että sinä ottaisit Herran vastaan ilolla, ja että sinä omaisit kaiken tarvittavan ollaksesi valmis Hänen morsiamenaan kun Hän palaa taas takaisin.

# Luku 6

# Paratiisi

*Niin Jeesus sanoi hänelle: "Totisesti minä sanon sinulle:*
*tänä päivänä pitää sinun oleman minun kanssani*
*paratiisissa."*

*- Luukas 23:43*

Kaikki jotka uskovat Jeesukseen Kristukseen
henkilökohtaisena pelastajanaan ja joiden nimi on kirjattu
elämän kirjaan tulevat elämään ikuisen elämän taivaassa. Minä
olen jo kuitenkin selittänyt että uskon kasvu sisältää useita
vaiheita, ja että taivaalliset asuinsijat, kruunut ja muut taivaassa
annettavat palkkiot riippuvat henkilön uskonmäärästä.

Mitä enemmän sinä olet Herran sydämen kaltainen, sitä
lähempänä Jumalan Valtaistuinta sinä tulet elämään, ja mitä
kauempana Jumalan Valtaistuimesta sinä elät, sitä vähemmän
Jumalan sydämen kaltainen sinä olet.

Paratiisi on kaukaisin paikka Jumalan Valtaistuimesta joka saa
osakseen vähiten Jumalan kirkkaudesta ja se on taivaan alhaisin
taso. Silti se on verrattoman paljon kauniimpi kuin tämä maa ja
jopa kauniimpi kuin Eedenin puutarha.

Minkälainen Paratiisi on sitten paikkana ja minkälaiset

ihmiset menevät sinne?

## Paratiisin Kauneus ja Onnellisuus

Paratiisin reunalla olevaa aluetta käytetään Odotuspaikkana Valkean Valtaistuimen Suureen tuomiopäivään saakka (Ilmestyskirja 20:11-12). Kaikki muut aikojen alusta lähtien pelastetut odottavat Paratiisin reunalla olevalla aluella lukuunottamatta niitä, jotka ovat menneet suoraan Uuteen Jerusalemiin auttamaan Jumalan työn kanssa heidän saavutettua Jumalan sydämen maan päällä.

Paratiisi on siis niin laaja ja tilava että sen reuna-alueita käytetään Odotuspaikkana niin monille ihmisille. Vaikka se onkin taivaan alin taso tämä Paratiisi on verrattoman paljon kauniimpi ja onnellisempi paikka kuin tämä Jumalan kiroama maa.

Siellä on myös paljon enemmän onnea ja iloa kuin Eedenin puutarhassa jossa ensimmäinen ihminen eli, sillä se on paikka johon tämän maan päällä kasvatetut ihmiset menevät.

Tarkistelkaamme seuraavaksi sitä Paratiisin kauneutta ja onnea jonka Jumala on paljastanut ja tehnyt tunnetuksi.

### Laajat Tasangot Täynnä Kauniita Eläimiä ja Kasveja

Paratiisi on kuin laaja tasanko jossa on useita hyvin hoidettuja ruohikkoisia alueita ja kauniita puutarhoja. Useat enkelit pitävät huolta ja hoitavat näitä paikkoja. Lintujen laulanta on puhdasta ja kirkkaankuuloista ja se kaikuu halki koko Paratiisin. Nämä linnut näyttävät melkein samalta kuin tämän maan linnut mutta ne ovat hieman isompia ja niiden höyhenet ovat kauniimpia. Niiden laulukuorot ovat uskomattoman kauniita.

Myös puutarhojen puut ja kukat ovat hyvin tuoreita ja upeita. Tämän maan puut ja kasvit kuihtuvat aikojen kuluessa mutta Paratiisissa puut ovat aina vihreitä ja sen kukat eivät koskaan kuihdu. Ihmisten lähestyessä näitä kukkia ne hymyilevät ja joskus sinä voit aistia niiden ainutlaatuisen tuoksujen yhdistelmän pitkänkin matkan päästä.

Tuoreet puut kantavat useanlaisia hedelmiä. Nämä hedelmät ovat hieman isompia kuin tämän maan hedelmät. Niiden kuoret ovat kiiltäviä ja erittäin herkullisen näköisiä. Sinun ei tarvitse kuoria hedelmiä sillä siellä ei ole pölyä tai matoja. Kuinka kaunis ja onnellinen onkaan näkymä jossa ihmiset istuvat yhdessä tasangolla, keskustellen keskenään ja jakaen keskenään herkullisia ja maukkaita hedelmiä täynnä olevan korin.

Laajalla tasangolla on myös paljon eläimiä. Näiden joukkoon kuuluvat myös ruohoa rauhanomaisesti syövät leijonat. Ne ovat paljon suurempia kuin tämän maan leijonat mutta ne eivät ole ollenkaan agressiivisia. Ne ovat erittäin hellyttäviä niiden rauhallisen luonteen sekä puhtaan ja kiiltävän turkin tähden.

### Elämän Veden Virta Virtaa Hiljaa

Elämän Veden Virta virtaa taivaan halki aina Uudesta Jerusalemista Paratiisiin, eikä se koskaan haihdu tai saastu. Tämän virran vesi saa alkunsa Jumalan Valtaistuimesta ja se virkistää kaiken kohtaamansa. Tämä virta symboloi Jumalan sydäntä. Se on puhdas ja kaunis mieli joka on tahraton, nuhteeton ja kirkas ilman pienintäkään pimeyden tahraa. Jumalan sydän on kaikessa täydellinen ja kokonainen.

Elämän Veden Virta virtaa hiljaa kuin säihkyvä merivesi joka heijastaa auringonsäteitä kirkkaana päivänä. Se on niin kirkas ja läpinäkyvä ettei sitä voi verrata mihinkään tämän maan vesistöön. Kaukaa katsottuna se näyttää siniseltä, ja tämä sinisyys on kuin Välimeren tai Atlantin valtameren syvä merensini.

Molemmin puolin Elämän Veden Virtaa on tie, ja näiden teiden varrella on kauniita penkkejä. Penkkien ympärillä on elämän puita jotka kantavat hedelmää joka kuukausi. Elämän puun hedelmät ovat suurempia kuin tämän maailman hedelmät ja ne tuoksuvat ja maistuvat niin ihanilta ettei sitä voida edes kuvata. Ne sulavat kuin hattara laittaessasi ne suuhusi.

## Paratiisissa Ei Ole Henkilökohtaista Omaisuutta

Taivaassa miesten hiukset ulottuvat niskaan saakka mutta naisten hiusten pituus kertoo heidän saamiensa palkkioden määrästä. Pisimmillään naisten hiukset voivat ulottua vyötärölle saakka. Paratiisissa ihmiset eivät kuitenkaan saa mitään palkkioita joten naisten hiukset ovat vain hieman miesten hiuksia pidemmät.

He pukeutuvat valkoiseen, yksiosaiseen asuun, eikä heillä ole mitään rintaneulojen tapaisia koristuksia, kruunuja tai hiusneuloja. Tämä johtuu siitä että he eivät ole tehneet mitään Jumalan valtakunnan eteen eläessään tämän maan päällä.

Koska kenelläkään Paratiisiin menevällä ei ole palkkioita, ei kenelläkään ole siellä omaa taloa, kruunua, koristeita tai heitä palvelevia enkeleitä. On vain paikka jossa Paratiisissa asuvat henget oleskelevat. He asuvat tässä paikassa toisiaan palvellen.

Eedenin puutarha on samanlainen sen suhteen ettei sen asukkailla ole omaa taloa, mutta nämä kaksi paikkaa eroavat suuresti mitä tulee niiden onnellisuuden määrään. Paratiisissa ihmiset voivat kutsua Jumalaa "Isä Jumalaksi", sillä he ovat ottaneet Jeesuksen Kristuksen vastaan sekä saaneet Pyhän Hengen, ja niin he kokevat sellaista onnea ettei sitä voida verrata Eedenin puutarhan onnellisuuteen.

Joten tähän maailmaan syntyminen on suuri ja arvokas siunaus, sillä sinä voit kokea niin hyvää kuin pahaakin ja tulla Jumalan todelliseksi lapseksi ja omata uskoa.

### Paratiisi On Täynnä Iloa ja Onnea

Jopa Paratiisin elämä on täynnä totuuden onnea ja iloa sillä siellä ei ole pahuutta ja kaikki ajattelevat ensin toisten etua. Kukaan ei vahingoita toista vaan kaikki palvelevat toisiaan rakkaudella. Kuinka ihanaa tällainen elämä olisikaan! Siellä sinun ei tarvitse myöskään murehtia asumisesta, vaatetuksesta tai ruuasta. Se että siellä ei ole kyyneliä, surua, sairauksia, kipua tai kuolemaa on puhdasta onnellisuutta.

*Ja hän on pyyhkivä pois kaikki kyyneleet heidän silmistänsä, eikä kuolemaa ole enää oleva, eikä murhetta*

131

*eikä parkua eikä kipua ole enää oleva, sillä kaikki
entinen on mennyt. (Ilmestyskirja 21:4).*

Samalla tapaa kuin enkelien joukossa on päälliköitä, niin on
myös Paratiisin ihmisilläkin oma hierarkiansa. Tämä tarkoittaa
sitä että myös siellä on edustettuja ja edustajia. Koska kaikkien
uskonteot ovat erilaisia ne, joiden usko on suurempi kuin
muiden, nimitetään muiden edustajiksi pitämään huolta paikasta
tai ihmisryhmästä.

Nämä ihmiset puketuvat eri tavalla kuin muut Paratiisin
ihmiset ja he ovat kaikessa etuoikeutettuja. Tämä ei ole
kuitenkaan epäoikeudenmukaista vaan Jumalan puolueetonta
oikeutta jolla Hän antaa jokaiselle takaisin tämän tekojen
mukaisesti.

Koska taivaassa ei ole kateutta tai mustasukkaisuutta,
ihmiset siellä eivät vihaa tai loukkannu jos muut saavat osakseen
enemmän kuin mitä he itse ovat saaneet. Sen sijaan he ovat
onnellisia ja iloisia nähdessään muiden tulevan osallisiksi hyvistä
asioista.

Sinun tulisi ymmärtää että Paratiisi on verrattoman paljon
tätä maapalloa kauniimpi ja onnellisempi paikka.

## Minkälaiset Ihmiset Menevät Paratiisiin?

Paratiisi on kaunis paikka joka on valmistettu Jumalan
suurella rakkaudella ja armolla. Se on paikka niille jotka eivät
ole tarpeeksi ansioituneita jotta heitä voitaisiin kutsua Jumalan

todellisiksi lapsiksi, mutta jotka ovat tunteneet Jumalan ja uskoneet Jeesukseen Kristukseen ja joita ei täten voida lähettää Helvettiin. Minkälaiset ihmiset sitten menevät Paratiisiin?

## Katuminen Juuri Ennen Kuolemaa

Ensinnäkin, Paratiisi on niille jotka katuvat juuri ennen kuolemaansa ja hyväksyvät Jeesuksen Kristuksen tullakseen pelastetuiksi niin kuin rikollinen joka ristiinaulittiin Jeesuksen rinnalle. Luukas 23:39 kertoo, että kaksi rikollista naulittiin Jeesuksen molemmin puolin. Toinen rikollisista kohdisti Jeesukseen loukkauksia, mutta toinen puolestaan torui ensimmäistä rikollista, katui ja otti Jeesuksen vastaan Pelastajakseen. Tämän jälkeen Jeesus sanoi tälle katuvalle rikolliselle että hän tulisi pelastumaan. Hän sanoi rikolliselle, "Totisesti minä sanon sinulle, tänään sinä tulet olemaan kanssani paratiisissa." Tämä rikollinen pelkästään hyväksyi Jeesuksen Pelastajakseen. Hän ei heittänyt pois syntejään tai elänyt Jumalan sanan mukaisesti. Koska hän hyväksyi Herran juuri ennen kuolemaansa, hänellä ei ollut aikaa oppia Jumalan sanaa tai elää sitä noudattaen.

Sinun tulee siis ymmärtää että Paratiisi on niitä varten jotka ovat hyväksyneet Jeesuksen Kristuksen mutta jotka eivät ole tehneet mitään Jumalan valtakunnan eteen, aivan kuten tämä Luukaksen 23:ssa luvussa kuvattu rikollinen.

Olet kuitenkin väärässä jos kuvittelet seuraavalla tavalla.: "Minä otan Herran vastaan juuri ennen kuolemaani joten minä pääsen Paratiisiin joka on niin onnellinen ja kaunis ettei sitä voida edes verrata tähän maailmaan." Jumala salli tämän rikollisen pelastua sillä Hän tiesi että hänellä oli hyvä sydän jolla rakastaa Jumalaa loppuun asti ja että se ei hylkäisi Herraa vaikka hänellä olisikin ollut pitempi elämä edessään.

Kaikki eivät voi kuitenkaan hyväksyä Herraa juuri ennen kuolemaansa ja uskoa ei voida antaa hetkessä. Sinun täytyy siis ymmärtää että tällaiset Jeesuksen rinnalla pelastetuksi tulleen rikollisen kaltaiset tapaukset ovat sangen harvinaisia.

Lisäksi ihmiset jotka saavat osakseen häpellisen pelastuksen pitävät yhä paljon pahuutta sisällään vaikka he tulevatkin pelastetuiksi sillä he ovat eläneet miten he ovat itse halunneet.

He tulevat olemaan Jumalalle ikuisesti kiitollisia pelkästään sen tähden että he ovat Paratiisissa, ja he saavat nauttia ikuisesta elämästä taivaassa pelkästään hyväksymällä Jeesuksen Kristuksen Pelastajakseen vaikka he eivät olekaan tehneet mitään uskontekoja tässä maailmassa.

Paratiisi on hyvin erilainen verrattuna Uuteen Jerusalemiin missä Jumalan Valtaistuin sijaitsee, mutta pelkästään se että nämä ihmiset eivät joutuneet helvettiin saa heidät hyvin iloisiksi ja onnellisiksi.

## Hengellisen Uskon Kasvun Puuttuminen

Toisekseen, vaikka ihmiset hyväksyvätkin Jeesuksen Kristuksen ja omaavat uskoa, he saavat silti osakseen häpeällisen pelastuksen ja menevät Paratiisiin jos heidän uskonsa ei kokenut hengellistä kasvua. Uusien uskovien lisäksi myös kauan aikaa uskossa olleet joutuvat menemään Paratiisiin jos heidän uskonsa säilyy ensimmäisellä uskon viidestä tasosta.

Kerran Jumala salli minun kuulla tunnustuksen joka kuului uskovalle joka oli ollut uskossa jo kauan aikaa ja joka on tällä hetkellä Paratiisin reuna-alueella, taivaan Odostuspaikassa.

Hän oli syntynyt perheeseen joka ei tuntenut Jumalaa ja joka palvoi vääriä jumalia. Myöhemmin elämässään tämä henkilö alkoi elää kristittyä elämää. Koska hänellä ei kuitenkaan ollut todellista uskoa hän eli yhä syntien hallitsemana ja hän menetti toisen silmänsä näkökyvyn. Hän ymmärsi todellisen uskon luonteen luettuaan kirjoittamani todistuskirjan Ikuisen Elämän Maistaminen Ennen Kuolemaa, liittyi tähän kirkkoon ja myöhemmin astui taivaaseen elettyään kristillisen elämän tässä kirkossa.

Minä kuulin hänen tunnustuksensa joka oli täynnä iloa pelastumisen johdosta sillä hän meni Paratiisiin kärsittyään paljon surua, kipua ja sairauksia tämän maan päällä eläessään.

"Olen niin vapaa ja onnellinen tultuani tänne sen jälkeen kun vapauduin lihasta. En tiedä miksi yritin pitää kiinni lihallisista asioista. Ne olivat kaikki merkityksettömiä. Lihallisista asioista kiinnipitäminen on merkityksetöntä ja turhaa noustuani tänne ja vapauduttuani lihasta. Maallisen elämäni aikana minä koin sekä ilon ja kiitoksen hetkiä että epätoivon ja pettymyksen hetkiä. Kun minä katson itseäni täällä kaikessa onnellisuudessa ja mukavuudessa minä muistan kuinka yritin pitää kiinni merkityksettömästä elämästä ja kuinka minä yritin pysyä tässä merkityksettömässä elämässä. Nyt minun sieluni ei kaipaa mitään ollessani tässä mukavassa paikassa ja minä olen iloinen pelkästään sen tähden että minä saan olla pelastuksen paikassa.

Olen hyvin tyytyväinen tässä paikassa. Minä voin hyvin sillä minä olen vapautunut lihasta ja minä olen iloinen sen tähden että olen saanut tulla tähän rauhalliseen paikkaan kärsittyäni rasittavasta elämästä maan päällä. En tiennyt että lihasta vapautuminen olisi niin iloinen asia, mutta minä elän suuressa rauhassa ja ilossa vapauduttuani lihasta ja tultuani tähän paikkaan.

Se, että minä en pystynyt näkemään , että en pystynyt kävelemään, ja että en pystynyt tekemään monia muita tarkoitti että minä koin useita fyysisiä esteitä. Nyt minä olen iloinen ja kiitollinen, sillä minusta tuntuu että olen saanut tulla tähän uskomattomaan paikkaan ja saanut ikuisen elämän kaikkien näiden asioiden johdosta.

Minä en ole Ensimmäisessä Valtakunnassa, Toisessa Valtakunnassa, Kolmannessa Valtakunnassa tai Uudessa Jerusalemissa. Minä olen pelkästään Paratiisissa, mutta olen sen johdosta hyvin iloinen ja kiitollinen.

Sieluni on tästä kiitollinen.
Sieluni ylistää tätä.
Sieluni on tästä onnellinen.
Sieluni on tästä kiitollinen.

Sieluni on iloinen ja kiitollinen sillä olen päässyt murheellisesta ja kurjasta elämästä ja saavuttanut tämän mukavan elämän."

## Uskon Taantuminen Koettelemusten Johdosta

Lopuksi, on olemassa ihmisiä jotka ovat olleet uskollisia mutta joiden usko on sitten jostain syystä viilentynyt ja siten nämä ihmiset ovat vain vaivoin tulleet pelastetuiksi.

Kirkkooni kuulunut vanhin palveli kirkkoa uskollisesti usean vuoden ajan. Ulospäin hänen uskonsa vaikutti suurelta, mutta eräänä päivänä hän sairastui vakavasti. Hän menetti jopa puhekykynsä ja tuli sitten luokseni rukoiltavaksi. Sen sijaan että olisin rukoillut hänen parantumisensa puolesta minä rukoilin hänen pelastumisensa puolesta. Tuohon aikaan hänen sielunsa kärsi kovasti, sillä se pelkäsi kamppailua jossa enkelit yrittivät viedä häntä taivaaseen ja pahat henget yrittivät viedä häntä helvettiin. Pahat henget eivät olisi voineet yrittää viedä häntä helvettiin jos hänellä olisi ollut tarpeeksi uskoa, joten minä rukoilin välittömästi ajaakseni pahat henget pois ja pyytääkseni että Jumala ottaisi tämän miehen vastaan. Heti tämän rukouksen jälkeen mies tunsi olosi paremmaksi ja hän vuodatti kyyneleitä. Hän katui juuri ennen kuolemaansa ja tuli vaivoin pelastetuksi.

Olisi suuri harmi Jumalan silmissä jos sinä jatkaisit synnissä elämistä sen jälkeen kun sinä olet vastaanottanut Pyhän Hengen ja sinut on nimitetty diakoniksi tai vanhimmaksi. Jos sinä et käänny pois tällaisesta viileästä hengellisyydestä, sinussa oleva Pyhä Henki katoaa hiljalleen ja sinä et tule pelastetuksi.

*Minä tiedän sinun tekosi: sinä et ole kylmä etkä palava;*

*oi, jospa olisit kylmä tai palava! Mutta nyt, koska olet penseä, etkä ole palava etkä kylmä, olen minä oksentava sinut suustani ulos (Ilmestyskirja 3:15-16).*

Sinun tulee siis ymmärtää että Paratiisiin pääseminen on häpeällinen pelastus ja olla innokkaampi ja valmiimpi kypsyttämään uskoasi.

Tämä mies oli kerran tervehtynyt rukoukseni jälkeen ja jopa hänen vaimonsa palasi elämään kuoleman kynnykseltä rukoukseni kautta. Elämän sanaa kuuntelemalla hänen useita ongelmia kohdannut perheensä tuli hyvin onnelliseksi. Siitä lähtien hän kypsyi uskolliseksi Jumalan työntekijäksi tekojensa kautta ja hän oli hyvin uskollinen velvollisuuksissaan.

Kirkon kuitenkin kohdatessa vaikeuksia hän ei yrittänyt puolustaa ja suojella sitä, vaan sen sijaan salli ajatustensa tulla Saatanan hallitsemiksi. Hänen suustaan päässeet sanat rakensivat suuren synnin muurin hänen ja Jumalan välille. Lopulta hän ei voinut olla enää Jumalan suojeluksessa ja hän sairastui vakavasti.

Jumalan työntekijänä hänen ei olisi pitänyt nähdä tai kuunnella mitään totuuden tai Jumalan vastaista mutta sen sijaan hän tahtoi kuunnella ja levittää näitä asioita. Jumalan täytyi kääntää Hänen kasvonsa pois tästä miehestä, sillä hän kääntyi pois Jumalan suuresta armosta joka näyttäytyi esimerkiksi siinä, että hänet parannettiin vakavasta sairaudesta.

Tästä johtuen hänen palkkionsa murenivat eikä hän voinut koota tarpeeksi voimia rukoilua varten. Hänen uskonsa taantui ja lopulta hän saavutti pisteen jossa hän ei voinut edes olla varma pelastuksestaan. Onneksi Jumala kuitenkin muisti hänen kirkolle aikaisemmin tekemänsä palvelukset. Tämän johdosta mies saattoi vastaanottaa häpeällisen pelastuksen sillä Jumala antoi hänelle armon katua aikaisempia tekojaan.

## Täynnä Kiitollisuutta Pelastuksen Johdosta

Minkälaisia tunnustuksia hän sitten lausuisi pelastuttuaan ja päästyään Paratiisiin? Koska hän pelastui ollessaan taivaan ja helvetin tienhaarassa, minä saatoin kuulla kuinka hän lausui tunnustuksensa todellisessa rauhassa.

"Minä olen pelastunut. Vaikka minä olen Paratiisissa minä olen tyytyväinen sillä minut vapautettiin kaikista peloista ja vaikeuksista. Minun henkeni, joka muutoin olisi joutunut alas syvyyteen, on päässyt tähän kauniiseen ja hyvältä tuntuvaan valkeuteen."

Kuinka suuri hänen riemunsa olisikaan hänen tultua vapautetuksi helvetin pelosta! Hänen tultua häpeällisesti pelastetuksi kirkon vanhimpana Jumala salli minun kuulla hänen katumuksen rukouksensa hänen ollessaan Ylemmässä Haudassa ennen saapumistaan Paratiisissa olevaan taivaan Odotuspaikkaan. Hän katui syntejään myös siellä ollessaan ja hän kiitti minua hänen puolestaan rukoilemisen johdosta. Hän myös lupasi Jumalalle rukoilevansa jatkuvasti kirkon ja minun puolesta kunnes me tapaamme taas taivaassa.

Aikojen alusta lähtien Paratiisiin meneviä ihmisiä on enemmän kuin kaikkiin muihin taivaan paikkoihin meneviä ihmisiä yhteensä.

Ne, jotka tulevat vaivoin pelastetuksi ja pääsevät Paratiisiin ovat erittäin kiitollisia ja onnellisia sen johdosta että he saavat nauttia Paratiisin mukavuudesta ja siunauksista eivätkä he langenneet helvettiin siitä huolimatta että he eivät eläneet kunnollisia kristittyjä elämiä tämän maan päällä.

Paratiisin onnea ei voida edes verrata Uuden Jerusalemin onneen, ja se on myös täysin erilainen taivaan seuraavan tason, Ensimmäisen Kuningaskunnan, onneen verrattuna. Joten sinun tulisi ymmärtää että Jumalalle tärkeintä ei ole uskosi vuosien lukumäärä, vaan sinun sydämesi asenne Jumalaa kohtaan ja sinun käyttäytymisesi Jumalan tahdon mukaisesti.

Nykyään monet ihmiset elävät yltäkylläisesti ja synnillisesti, väittävät samanaikaisesti saaneensa Pyhän Hengen. Nämä ihmiset saavat vain hädin tuskin osakseen pelastuksen ja pääsyn Paratiisiin, tai sitten he lankeavat kuolemaan sillä Pyhä Henki heissä katoaa.

Toiset nimellisesti uskossa olevat saattavat ylpistyä opittuaan ja kuunneltuaan Jumalan sanaa ja sitten tuomita ja arvostella muita uskovia siitä huolimatta että nämä ovat eläneet kristillistä elämää jo kauan aikaa. Vaikka tällaiset ihmiset olisivat kuinka innokkaita ja uskollisia Jumalan palvelemisen suhteen sillä ei ole väliä jos he eivät ymmärrä sydämissään olevaa pahuutta ja heitä pois syntejään.

Joten minä rukoilen Herran nimessä, että sinä, Jumalan lapsi joka on saanut Pyhän Hengen, heittäisit pois syntisi ja kaikenlaisen pahan pyrkiäksesi elämään Jumalan sanan mukaisesti.

# Luku 7

# Taivaan Ensimmäinen Kuningaskunta

*Jokainen kilpailija noudattaa lujaa itsekuria, juoksijat saavuttaakseen katoavan seppeleen, me saadaksemme katoamattoman*

*- 1. Korinttolaiskirje 9:25*

Paratiisi on niille jotka ovat ottaneet Jeesuksen Kristuksen vastaan mutta jotka eivät ole tehneet uskollaan mitään. Se on paljon kauniimpi ja onnellisempi paikka kuin tämä maa. Kuinka paljon kauniimpi onkaan sitten taivaan Ensimmäinen Kuningaskunta, paikka jossa elävät ne jotka ovat yrittäneet elää Jumalan sanan mukaan?

Vaikka Ensimmäinen Kuningaskunta on lähempänä Jumalan Valtaistuinta kuin Paratiisi, taivaassa on silti paljon parempiakin paikkoja. Ne, jotka pääsevät Ensimmäiseen Kuningaskuntaan ovat kuitenkin tyytyväisiä siihen mitä he ovat saaneet ja he ovat täysin onnellisia. Samalla tavalla kultakala on tyytyväinen asuessaan akvaariossa ilman että se haluaisi mitään muuta.

Tarkistelkaamme nyt Paratiisia asteen korkeammalla olevaa Ensimmäistä Kuningaskuntaa ja sitä minkälainen se on paikkana

141

sekä minkälaiset ihmiset pääsevät sinne.

# Sen Kauneus ja Onnellisuus Ylittää Paratiisin

Koska Paratiisi kuuluu niille jotka eivät ole tehneet mitään uskollaan, siellä ei ole minkäänlaista palkkioiden henkilökohtaista omistusta. Ensimmäisestä Kuningaskunnasta eteenpäin talojen ja kruunujen kaltaisia henkilökohtaisia omistuksia annetaan palkkioina.

Ensimmäisessä Kuningaskunnassa henkilö elää omassa talossaan ja hän saa omakseen ikuisesti kestävän kruunun. Pelkästään talon omistaminen taivaassa on suuri kunnia, joten jokainen Ensimmäisen Kuningaskunnan asukas tuntee onnellisuutta jota ei voida edes verrata Paratiisin onnellisuuteen.

## Kauniisti Koristellut Yksityisasunnot

Ensimmäisen Kuningaskunnan yksityisasunnot eivät ole erillisiä taloja vaan ne ovat tämän maailman asuntojen kaltaisia. Niitä ei ole kuitenkaan rakennettu sementistä tai tiilistä, vaan kauniista taivaallisista materiaaleista, kuten esimerkiksi kullasta ja jalokivistä.

Näissä taloissa ei ole porraskäytäviä vaan ainoastaan kauniita hissejä. Tässä maassa sinun pitää painaa nappia, mutta taivaassa hissi vie sinut automaattisesti haluamaasi kerrokseen.

Taivaassa käyneiden ihmisten joukossa on eräitä jotka todistavat nähneensä siellä asuntoja. Tämä johtuu siitä että he näkivät taivaan Ensimmäisen Kuningaskunnan. Nämä asunnonkaltaiset talot sisältävät kaiken elämiseen tarvittavan, joten ne eivät ole ollenkaan epäkäytännöllisiä.

Siellä on soittimia musiikista pitäviä varten jotta heillä olisi jotakin mitä soittaa sekä kirjoja niille jotka nauttivat lukemisesta. Jokaisella on oma henkilökohtainen tilansa jossa he voivat levätä ja joka on erittäin mukava ja kotoisa.

Ensimmäisessä Kuningaskunnassa asuinsijat on valmistettu niiden isäntien maun mukaisesti. Tämä paikka on siis paljon kauniimpi ja onnellisempi kuin Paratiisi, ja se on täynnä sellaista iloa ja mukavuutta että sinä et voi koskaan kokea vastaavaa maan päällä.

## Julkisia Puutarhoja, Järviä, Uima-altaita ja Muita Vastaavia

Koska Ensimmäisen Kuningaskunnan asunnot eivät ole yksittäisiä taloja, siellä on yleisiä puutarhoja, järviä, uima-altaita ja golf-kenttiä. Tämä on samankaltaista kuin tässä maassa jossa ihmiset asuvat asunnoissa ja käyttävät yhdessä julkisia puutarhoja, tenniskenttiä ja uima-altaita.

Nämä julkiset tilat eivät koskaan kulu tai rikkoudu sillä enkelit pitävät ne jatkuvasti loistokunnossa. Enkelit auttavat ihmisiä käyttämään näitä tiloja, joten niiden käyttäminen ei ole vaivalloista vaikka ne ovatkin julkisia tiloja.

Paratiisissa ei ole enkeleitä mutta Ensimmäisessä Kuningaskunnassa ihmiset saavat näiltä apua, joten täällä ihmiset tuntevat täysin erilaista iloa ja onnea. Vaikka täällä ei olekaan enkeleitä jotka kuuluisivat yhdelle tietylle henkilölle, eräät enkelit pitävät kuitenkin huolen yhteisistä tiloista.

Halutessasi esimerkiksi nauttia hedelmistä samalla kun istut Elämän Veden Virran varrella olevilla kultaisilla penkeillä ja keskustelet rakkaimpiesi kanssa, enkelit ilmaantuvat saman tien tuoden sinulle hedelmiä ja palvellen sinua kohteliaasti. Ilo ja onni jota sinä koet täällä on täysin erilaista Paratiisiin iloon ja onneen verrattuna sillä täällä on enkeleitä jotka auttavat Jumalan lapsia.

## Ensimmäinen Kuningaskunta on Paratiisia Parempi Paikka

Jopa kukkien värit ja tuoksut sekä eläinten turkkien loisto ja kauneus eroavat Paratiisin vastaavista. Tämä johtuu siitä että Jumala antaa kaikkea taivaan eri paikoissa asuvien ihmisten uskonmäärän perusteella.

Jopa tässä maassa asuvat ihmiset määrittelevät kauneuden eri tavoin. Esimerkiksi kukkien asiantuntijat määrittelevät yksittäisten kukkien kauneuden usean eri kriteerin mukaan. Taivaassa jokaisen asuinsijan kukkien tuoksut eroavat toisistaan. Jopa samassa paikassa kasvavilla kukilla on oma yksilöllinen tuoksunsa.

Jumala on järjestänyt kukat niin, että Ensimmäisen Kuningaskunnan ihmiset kokevat olonsa parhaaksi tuntiessaan kukkien tuoksun. Tietenkin myös hedelmillä on omat tuoksunsa taivaan eri paikoissa. Jumala on luonut myös jokaisen hedelmän värin ja tuoksun taivaan eri asuinsijojen tason mukaan.

Kuinka sinä valmistaudut ja tarjoilet ottaessasi vastaan

tärkeän vieraan? Sinä yrität tarjota vieraalle hänen makunsa mukaisia ruokia jotka tuottaisivat hänelle suurta iloa.

Samalla tavalla Jumala tarjoaa sinulle kaikkea huomaavaisesti niin että Hänen lapsensa olisivat tyytyväisiä kaiken suhteen.

## Minkälaiset Ihmiset Menevät Ensimmäiseen Kuningaskuntaan?

Paratiisi on taivaassa oleva paikka uskon ensimmäisellä tasolla oleville ihmisille jotka ovat pelastuneet uskomalla Jeesukseen Kristukseen, mutta jotka eivät ole tehneet mitään Jumalan valtakunnan eteen. Minkälaiset ihmiset menevät sitten Paratiisin yläpuolella sijaitsevaan taivaan Ensimmäiseen Kuningaskuntaan ja nauttivat siellä ikuisesta elämästään?

### Ihmiset Jotka Yrittävät Noudattaa Jumalan Sanaa

Ensimmäinen Kuningaskunta on paikka niille jotka ovat hyväksyneet Jeesuksen Kristuksen elämäänsä ja yrittäneet elää Jumalan sanan mukaisesti. Ne, jotka ovat pelkästään hyväksyneet Herran käyvät sunnuntaisin kirkossa ja kuuntelevat Jumalan sanaa, mutta he eivät tiedä mitä synti on, miksi heidän täytyy rukoilla, ja miksi heidän täytyy heittää syntinsä pois. Samalla tavalla uskon ensimmäisellä tasolla olevat ihmiset ovat saaneet kokea sen rakkauden ilon joka seuraa veden ja Pyhän Hengen kautta syntymistä, mutta he eivät ymmärrä mitä synti on eivätkä he ole vielä löytäneet omia syntejään.

145

Jos sinä kuitenkin saavutat uskon toisen tason, sinä ymmärrät Pyhän Hengen avulla mitä synti ja vanhurskaus ovat. Joten sinä yrität elää Jumalan sanan mukaisesti pystymättä kuitenkaan tekemään sitä välittömästi. Samalla tavalla lapset yrittävät opetella kävelemään: kävelemällä ja kaatumalla useaan otteeseen.

Ensimmäinen Kuningaskunta on paikka tämänkaltaisille ihmisille jotka yrittävät elää Jumalan sanan mukaisesti, ja täällä annetaan ikuisesti kestäviä kruunuja. Samalla tavalla kuin urheilijoiden täytyy kilpailla sääntöjen mukaisesti (Tim. 2:5-6), Jumalan lasten täytyy taistella uskon hyvä taistelu totuuden mukaisesti. Sinulla on kuollut usko jos sinä olet välinpitämätön hengellisen maailman säännöistä ja olet kuin urheilija joka ei välitä säännöistä. Tällöin sinun ei katsota osallistuneen kilpailuun eikä sinulle anneta kruunua.

Jokaiselle Ensimmäisessä Kuningaskunnassa asuvalle annetaan kuitenkin kruunu sillä he ovat yrittäneet elää Jumalan sanan mukaan vaikkeivat heidän tekonsa olekaan tarpeeksi. Tämä on kuitenkin yhä häpeällinen pelastus. Tämä johtuu siitä että he eivät ole eläneet täysin Jumalan sanan mukaisesti vaikka he omaavatkin tarpeeksi uskoa päästäkseen Ensimmäiseen Kuningaskuntaan.

### Häpeällinen Pelastus jos Työt Palavat

Mikä sitten on "häpeällinen pelastus?" 1. Korinttolaiskirje 3:12-15 kertoo meille että rakentamamme työ voi joko pelastua tai tulla poltetuksi.

*Rakennetaanpa tälle perustukselle kullasta, hopeasta, jalokivistä, puusta, heinistä tai oljista, aikanaan tulee ilmi, mitä kukin on saanut aikaan. Tuomiopäivä sen paljastaa: se päivä ilmestyy tulenliekeissä, ja tuli koettelee, millainen itse kunkin aikaansaannos on. Se, jonka rakennus kestää, saa palkan. Se taas, jonka rakennus palaa, kärsii vahingon. Itse hän tosin pelastuu, mutta kuin tulen läpi.*

"Perustus" viittaa tässä Jeesukseen Kristukseen, ja se tarkoittaa että mitä tahansa sinä rakennatkin tälle perustukselle, sinun työsi tulee paljastumaan tulenkaltaisten koettelemusten kautta.

Toisaalta, niiden työt, joiden usko on kullan, hopean tai jalokivien kaltaista, tulevat säilymään jopa tulisissa koettemuksissa sillä he elävät Jumalan sanan mukaisesti. Toisaalta taas niiden työt, joiden usko on puun, heinän tai olkien kaltaista, tulevat palamaan niiden kohdatessa tulisia koettelemuksia sillä he eivät pysty käyttäytymään Jumalan sanan mukaisesti.

Luokitellaksemme nämä uskonmäärän mukaisesti kulta on viides (korkein), hopea neljäs, jalokivet kolmas, puu toinen ja heinä on ensimmäinen uskon taso. Puu ja heinä ovat elossa, ja puunkaltainen usko tarkoittaa että ihminen omaa elävän uskon mutta että se on heikko. Puu ja heinä, joiden työt palavat tulisissa koettelemuksissa, kuuluvat häpeälliseen pelastukseen. Jumala tunnistaa kullan, hopean tai jalokivien uskon, mutta Hän ei voi tunnustaa puun tai heinän uskoa.

## Usko Ilman Tekoja On Kuollutta

Jotkut saattavat ajatella. "Minä olen ollut kristitty jo kauan aikaa, joten minun on täytynyt jo ohittaa uskon ensimmäinen taso ja minä pääsen ainakin Ensimmäiseen Kuningaskuntaan." Jos sinä todella kuitenkin omaat uskoa niin sinä tietenkin elät Jumalan sanan mukaisesti. Jos sinä kuitenkin rikot lakia etkä heitä syntejäsi pois, niin Ensimmäinen Kuningaskunta ja kenties Paratiisikin saattavat olla sinun ulottumattomissasi.

Raamattu kysyy sinulta Jaak. 2:14 jakeessa, *"Veljet, mitä hyötyä siitä on, jos joku sanoo uskovansa mutta häneltä puuttuvat teot? Ei kai usko silloin voi pelastaa häntä?"* Sinä et voi pelastua ilman tekoja. Usko ilman tekoja on kuollutta. Joten ne, jotka eivät kamppaile syntiä vastaan eivät voi tulla pelastetuiksi sillä he muistuttavat miestä joka sai kultarahan ja säilytti sitä liinaan käärittynä (Luukas 19:20-26).

"Kultaraha" symboloi tässä Pyhää Henkeä. Jumala antaa Pyhän Hengen lahjana niille jotka avaavat sydämensä ja ottavat Jeesuksen Krituksen vastaan henkilökohtaisena Pelastajanaan. Pyhä Henki auttaa sinua ymmärtämään mitä synti, vanhurskaus ja tuomio ovat, ja se auttaa sinua pelastumaan ja pääsemään taivaaseen.

Toisaalta, jos sinä tunnustat uskovasi Jumalaan mutta et ympärileikkaa sydäntäsi joko seuraamalla Pyhän Hengen tahtoa tai elämällä totuuden mukaan, Pyhän Hengen ei tarvitse pysyä sydämessäsi. Toisaalta, jos sinä heität syntisi pois ja noudatat Jumalan sanaa Pyhän Hengen avulla, sinä muistutat Jeesuksen Kristuksen sydäntä, joka on itse totuus.

Joten niiden Jumalan lasten jotka ovat saaneet Pyhän Hengen lahjana tulisi pyhittää sydämensä ja kantaa Pyhän Hengen hedelmiä saavuttaakseen täydellisen pelastuksen.

## Fyysisesti Uskollinen Mutta Hengellisesti Ympärileikkaamaton

Jumala paljasti minulle kerran erään kirkkoni jäsenen joka oli kuollut ja mennyt Ensimmäiseen Kuningaskuntaan, ja Hän näytti minulle tällöin tekojen säestämän uskon tärkeyden. Tämä henkilö palveli kirkon Talousosastossa 18 vuoden ajan paljastamatta sydäntään. Hän oli uskollinen kaikissa Jumalan töissä ja hän sai vanhimman arvon. Hän yritti tuottaa hedelmää useiden eri liikeyritysten avulla ja tuottaa Jumalalle kunniaa, kysyen itseltään usein: "Kuinka minä voin tehdä yhä enemmän Jumalan valtakunnan eteen?"

Hän ei kuitenkaan menestynyt taloudellisesti sillä hän ajoittain häpäisi Jumalaa. Hän ei aina seurannut oikeaa polkua sekä lihallisten ajatusten että hänen sydämensä takia joka oli usein kiinnostunut vain omasta edustaan. Hän myös päästi suustaan epärehellisiä huomautuksia, suuttui muihin ihmisiin sekä rikkoi Jumalan sanaa usealla tavalla.

Toisin sanoen, koska hän oli fyysisesti uskollinen mutta ei ympärileikannut sydäntään – joka on kaikista tärkein asia – hän pysyi uskon toisella tasolla. Lisäksi, jos hänen talous- ja ihmissuhdeongelmat olisivat jatkuneet, hän ei olisi kyennyt pitämään kiinni uskostaan vaan tehnyt epävanhurskauden kanssa kompromissin.

Lopulta Jumala kutsui hänen sielunsa parhaaseen mahdolliseen aikaan ennenkuin hän ei uskonsa taantumisen tähden kyennyt astumaan edes Paratiisiin.

Hengellisen kommunikoinnin kautta hän ilmaisi kiitollisuutensa ja katui useita asioita kuolemansa jälkeen. Hän katui että oli satuttanut saarnaajien tunteita koska ei ollut seurannut totuutta, että hän oli aiheuttanut muiden lankeamisen, loukannut muita ja ollut toimimatta siitä huolimatta että oli kuullut Jumalan sanaa. Hän myös sanoi että hän oli aina tuntenut maan päällä stressiä sen tähden ettei hän ollut katunut kunnolla virheitään, mutta että nyt hän oli onnellinen sillä hän pystyi tunnustamaan virheensä.

Hän myös sanoi olevansa kiitollinen siitä että hän ei joutunut Paratiisiin vanhimpana. Hän koki että Ensimmäisessä Kuningaskunnassa oleminen oli silti häpeällistä vanhimmalle, mutta hän tunsi olonsa paljon paremmaksi sillä Ensimmäinen Kuningaskunta on paljon kunniakkaampi kuin Paratiisi.

Joten sinun tulisi ymmärtää että kaikista tärkeintä on sinun sydämesi ympärileikkaaminen, ei näennäinen uskollisuus titteleineen.

## Jumala Johdattaa Lapsensa Parempaan Taivaaseen Koettelemusten Kautta

Sinun tulee kohdata koettelemuksia päästäksesi parempaan asuinpaikkaan taivaassa. Samalla tavalla urheilijan täytyy harjoitella kovasti lukemattomia tunteja voidakseen voittaa. Jumala sallii lastensa kohdata koettelemuksia johdattaakseen heidät parempiin paikkoihin taivaassa. Nämä koettelemukset voidaan jakaa kolmeen kategoriaan.

Ensinnäkin, on olemassa koettelemuksia syntien poisheittämiseksi. Voidaksesi tulla Jumalan todelliseksi lapseksi sinun tulee kamppailla syntejä vastaan aina oman veresi vuodattamiseen saakka voidaksesi heittää nämä synnit pois kokonaan. Silti Jumala rankaisee joskus lapsiaan sillä he eivät heitä syntejään pois vaan jatkavat synnissä elämistä (Heprealaiskirje 12:6). Niin kuin vanhemmat jotka joskus rankaisevat johdattaakseen heidät takaisin oikealle polulle, samalla tavalla Jumala sallii joskus koettelemusten tulla Hänen lastensa osaksi jotta nämä tulisivat olemaan täydellisiä.

Toiseksi, on olemassa koettelemuksia todellisten maljojen tekemiseksi ja siunausten antamiseksi. Jopa silloin kun hän oli nuori poika, Daavid pelasti lampaan tappamalla karhun tai leijonan joka otti hänen laumastaan. Hän omasi niin vahvan uskon että hän jopa tappoi koko Israelin armeijan pelkäämän Goljatin Jumalaan luottaen, apunaan pelkkä linko ja kivi. Syy siihen että hänen täytyi silti kohdata koettelemuksia ja tulla esimerkiksi kuningas Saulin jahtaamaksi oli se, että Jumala salli nämä koettelemukset jotta Daavidista tulisi suuri malja ja mahtava kuningas.

Kolmanneksi, on olemassa koettelemuksia jotka päättävät tekemättömyyden, sillä ihmiset saattavat pysyä poissa Jumalan luota jos he ovat rauhassa. On esimerkiksi olemassa ihmisiä jotka ovat uskollisia Jumalan valtakunnassa ja tämän johdosta he saavat taloudellisia siunauksia. Sitten he lakkaavat rukoilemasta ja heidän rakkautensa Jumalaan alkaa viiletä. Jos Jumala jättäisi heidät rauhaan, he saattaisivat langeta kuolemaan. Tämän takia Hän sallii heidän kohdata koettelemuksia jotta he olisivat jälleen selvämielisiä.

Sinun tulisi heittää syntisi pois, elää vanhurskaasti ja olla Jumalan silmissä todellinen malja, ymmärtäen Jumalan sydäntä joka sallii uskon koettelemukset. Minä toivon että sinä saisit ottaa vastaan kaikki ne ihmeelliset siunaukset jotka Jumala on sinua varten valmistanut.

Jotkut saattavat sanoa, "Minä tahdon muuuttua mutta se ei ole helppoa siitä huolimatta että minä yritän." Tällainen henkilö ei kuitenkaan sanoisi näin siksi että muuttuminen on todellakin vaikeaa, vaan siksi että sydämen sisimmässä häneltä puuttuu muuttumisen halu ja tahto.

Sinä voit muuttua nopeasti, sillä Jumala antaa sinulle armon ja voiman tehdä niin jos sinä ymmärrät Jumalan sanan hengellisesti ja yrität muuttua sydämesi pohjasta. Tietenkin myös Pyhä Henki auttaa sinua matkan varrella. Sinä olet suuressa vaarassa tulla ylpeäksi ja omahyväiseksi, ja näin sinun pelastumisesi tulee vaikeammaksi jos sinä pidät Jumalan sanaa vain säilöttynä tietona etkä elä sen mukaisesti.

Joten minä rukoilen Herran nimessä, että sinä et menettäisi haluasi ja iloasi ensimmäistä rakkauttasi kohtaan, ja että sinä jatkaisit Pyhän Hengen tahdon seuraamista niin että sinä saisit omata paremman paikan taivaassa.

# Luku 8

# Taivaan Toinen Kuningaskunta

*Seuraavan kehotuksen minä osoitan niille, jotka teidän joukossanne ovat vanhimman asemassa-- minä, joka itsekin olen vanhin ja Kristuksen kärsimysten todistaja sekä myös osallinen siitä kirkkaudesta, joka on ilmestyvä. Kaitkaa sitä laumaa, jonka Jumala on teille uskonut, älkää pakosta, vaan vapaaehtoisesti, Jumalan tahdon mukaan, älkää myöskään alhaisesta voitonhimosta, vaan sydämenne halusta Älkää herroina vallitko niitä, jotka teidän osallenne ovat tulleet, vaan olkaa laumanne esikuvana. Silloin te ylimmän paimenen ilmestyessä saatte kirkkauden seppeleen, joka ei kuihdu.*

*- 1 Pietari 5:1-4*

Sillä ei ole mitään väliä kuinka paljon sinä olet kuullut taivaasta jos et ymmärrä sitä sydämessäsi. Ilman ymmärrystä sinä et voi uskoa. Kuin lintu joka nappaa polulle kylvetyn siemenen, Saatana ja paholainen nappaavat taivaan sanana pois sinusta (Matteus 13:19).

Jos sinä toisaalta kuuntelet sanaa taivaasta ja ymmärrät sen

mitä kuulet, sinä voit elää uskon ja toivon elämän ja tuottaa
sadon joka antaa 30-, 60- tai 100-kertaisesti sen mitä siihen aluksi
kylvettiin. Sinä et pelkästään kykene täyttämään velvollisuuksiasi
vaan pystyt myös olemaan pyhittynyt ja uskollinen koko Jumalan
talossa sillä sinä elät Jumalan sanan mukaan. Minkälainen paikka
Taivaan Toinen Kuningaskunta sitten on ja minkälaiset ihmiset
menevät sinne?

## Jokaiselle Annetaan Oma Kaunis Talo

Minä olen jo selittänyt kuinka Paratiisiin tai Ensimmäiseen
Kuningaskuntaan menevät ovat häpeällisesti pelastettuja koska
heidän työnsä eivät säily tulisten koettelemusten lävitse. Toiseen
Kuningaskuntaan menevät omaavat kuitenkin uskon joka selviää
tulisista koettelemuksista ja he saavat palkkioita joita ei voida
verrata Paratiisin tai Ensimmäisen Kuningaskunnan palkkioihin.
Nämä he saavat Jumalan oikeudemukaisuuden tähden joka
palkitsee sen, mikä on kylvetty.

Jos me vertaamme Ensimmäiseen Kuningaskuntaan menneen
ihmisen onnellisuutta maljassa olevan kultakalan onnellisuuteen,
niin Toiseen Kuningaskuntaan menneen ihmisen onnellisuutta
voidaan silloin verrata Tyynessä valtameressä uivan valaan
onnellisuuteen.

Tutkikaamme seuraavaksi Toisen Kuningaskunnan
erityispiirteitä, keskittyen sen taloihin ja elämään.

## Jokaiselle Annetaan Oma Yksikerroksinen Talo

Ensimmäisen Kuningaskunnan talot ovat asunnonkaltaisia, mutta Toisen Kuningaskunnan talot ovat täysin erillisiä, yksikerroksisia yksityisrakennuksia. Toisen Kuningaskunnan taloja ei voida verrata mihinkään tämän maailman kauniisiin taloihin, mökkeihin tai kesäasuntoihin. Ne ovat juhlallisia, kauniita ja loistavasti kullalla ja kukilla koristeltuja.

Sinun päästyäsi Toiseen Kuningaskuntaan sinulle ei anneta vain taloa vaan myös sinun lempiesineesi. Jos sinä tahdot uima-altaan, niin sinulle annetaan kauniisti kullalla ja erilaisilla jalokivillä koristeltu allas. Jos sinä tahdot kauniin järven, niin silloin sinulle annetaan järvi. Jos sinä tahdot juhlasalin, niin sinulle annetaan myös juhlasali. Jos sinä pidät kävelyistä, niin sinulle annetaan kaunis tie joka on täynnä ihmeellisiä kukkia ja kasveja joiden ympärillä useat eläimet leikkivät.

Vaikka sinä et haluakaan uima-allasta, järveä, juhlasalia, tietä tai muuta vastaavaa, niin sinä voit silti saada vain yhden asian josta pidät kaikista eniten. Koska ihmiset omistavat eri asioita Toisessa Kuningaskunnassa he vierailevat toistensa luona ja nauttivat yhdessä omistamistaan asioista.

Henkilö jolla on juhlasali mutta ei uima-allasta voi mennä naapurinsa luokse ja nauttia uimisesta tämän uima-altaassa. Taivaassa ihmiset palvelevat toisiaan eivätkä he koskaan tunne oloaan vaivautuneeksi tai kiellä vierailijoita tulemasta luokseen. Päinvastoin, he ovat vain iloisempia ja onnellisempia vieraiden johdosta. Joten sinun tarvitsee vain vierailla naapurisi luona jos sinä tahdot nauttia jostakin, ja siellä sinä voit jakaa mitä hänellä on.

Toinen Kuningaskunta on kaiken suhteen myös paljon parempi kuin Ensimmäinen Kuningaskunta. Sitä ei tietenkään voida kuitenkaan verrata Uuteen Jerusalemiin. Siellä ei ole esimerkiksi enkeleitä jotka palvelevat jokaista Jumalan lasta. Talojen koko, loisto ja kauneus ovat myös hyvin erilaisia, ja talojen materiaalit, värit ja niitä koristavien jalokivien loisto eroavat myös toisistaan.

## Kauniisti Välkkyvä Ovilaatta

Toisessa Kuningaskunnassa talot ovat yksikerroksia taloja joiden ovessa on nimilaatta. Nimilaatta kertoo kuka on talon omistaja, ja joissakin erikoistapauksissa siihen on myös kirjoitettu sen kirkon nimi jota omistaja palveli. Tämä on kirjoitettu nimilaattaan josta valo välkkyy kauniisti loistaen ja myös omistajan nimi loistaa tässä laatassa. Teksti se on kirjoitettu taivaallisilla kirjaimilla jotka muistuttavat arabian tai heprean kirjaimia. Joten Toisessa Kuningaskunnassa olevat ihmiset tulevat sanomaan "Ah! Tämä on sen-ja-sen talo joka palveli sitä-ja-sitä kirkkoa!"

Miksi kirkon nimi sitten varta vasten kirjoitetaan tähän laattaan? Jumala tekee näin jotta tämä nimi olisi ilon ja kunnian lähde niille jäsenille jotka palvelivat kirkkoa ja jotka rakensivat Suuren Pyhätön Herran vastaanottamiseksi Hänen tullessaan ilman halki.

Kolmannen Kuningaskunnan tai Uuden Jerusalemin talojen ovissa ei ole kuitenkaan ovilaattoja. Kummassakaan kuningaskunnassa ei ole monia ihmisiä, ja näistä taloista lähtevien ainutlaatuisten valojen ja tuoksujen perusteella sinä voit tunnistaa kenelle mikäkin talo kuuluu.

## Katuminen Sen Tähden Ettet Ole Täysin Pyhittynyt

Jotkut saattavat ihmetellä, "Eikö taivas ole sitten epämukava jos kerran Paratiisissa ei ole ollenkaan yksityisasuntoja ja Toisessa Kuningaskunnassakin ihmiset voivat omistaa vain yhden asian?" Taivaassa ei ole kuitenkaan mitään mikä olisi epämukavaa tai liian vähäistä. Ihmiset eivät tunne oloaan koskaan epämukavaksi sillä he elävät yhdessä eivätkä he ole kitsaita jakamaan omistamaansa muiden kanssa. He ovat vain kiitollisia siitä että he saavat jakaa omistuksensa muiden kanssa ja tämä tuottaa heille suurta mielihyvää.

Ihmiset eivät myöskään harmittele sitä että he omistavat vain yhden yksityisen asian eivätkä he kadehdi muiden omistamia asioita. Sen sijaan he ovat aina syvästi liikuttuneita ja kiitollisia Isä Jumalalle siitä että Hän on antanut heille niin paljon enemmän kuin mitä he ovat ansainneet, ja he ovat aina tyytyväisiä ja omaavat sydämissään muuttumattoman ilon ja riemun.

Ainut asia mitä ihmiset katuvat on se että he eivät yrittäneet tarpeeksi ja tulleet täysin pyhitetyiksi tässä maailmassa eläessään. He katuvat ja ovat häpeissään seistessään Jumalan edessä, sillä he eivät heittäneet pois kaikkea heissä olevaa pahuutta. Nämä ihmiset eivät kadehdi toisten suuria taloja tai kunniakkaita palkkioita edes silloin kun he näkevät ihmisiä jotka ovat menneet Kolmanteen Kuningaskuntaan tai Uuteen Jerusalemiin, mutta

157

he katuvat sitä etteivät tehneet itsestään kokonaan pyhitettyjä.

Jumala antaa sinun korjata sen mukaan mitä sinä olet kylvänyt, ja Hän palkitsee sinut sen mukaan mitä sinä olet tehnyt sillä Hän on oikeudenmukainen. Joten Hän antaa sinulle asuinsijan ja palkkioita sen mukaan kuinka pyhittynyt sinä olet ja kuinka uskollinen sinä olet ollut maan päällä. Hän palkitsee sinut oikeudenmukaisesti ja jopa runsaasti sen mukaisesti kuinka pitkälti sinä olet elänyt Jumalan sana mukaisesti.

Jumala antaa sinulle mitä tahansa sinä haluatkin sataprosenttisesti taivaassa jos sinä olet elänyt kokonaan ja täysin Jumalan sanan mukaisesti. Jos sinä et ole kuitenkaan elänyt täysin Jumalan sanan mukaisesti Hän palkitsee sinut vain sen mukaan mitä olet tehnyt mutta silti kuitenkin runsaasti.

Joten sinä tulet aina olemaan ikuisesti kiitollinen Jumalalle siitä että Hän on antanut sinulle paljon enemmän kuin mitä sinä olet tämän maan päällä tehnyt, ja sinä tulet elämään ikuisesti onnessa ja ilossa mihin tahansa taivaan osaan sinä sitten menetkin.

### Kirkkauden Kruunu

Runsaasti palkitseva Jumala antaa Ensimmäisen Kuningaskunnan ihmisille ikuisesti katoamattoman kruunun. Minkälainen kruunu annetaan sitten Toiseen Kuningaskuntaan pääseville?

Nämä ihmiset ovat tuottaneet Jumalalle kunniaa suorittamalla velvollisuutensa vaikka he eivät olekaan tulleet kokonaan pyhitetyiksi. Joten nämä ihmiset saavat osakseen kirkkauden kruunun. 1. Piet. 5:1-4 kertoo meille että kirkkauden kruunu on palkinto joka annetaan niille jotka ovat toimineet esimerkkinä, eläen uskollisesti Jumalan Sanan mukaan.

*Seuraavan kehotuksen minä osoitan niille, jotka teidän joukossanne ovat vanhimman asemassa -- minä, joka itsekin olen vanhin ja Kristuksen kärsimysten todistaja sekä myös osallinen siitä kirkkaudesta, joka on ilmestyvä. Kaitkaa sitä laumaa, jonka Jumala on teille uskonut, älkää pakosta, vaan vapaaehtoisesti, Jumalan tahdon mukaan, älkää myöskään alhaisesta voitonhimosta, vaan sydämenne halusta. Älkää herroina vallitko niitä, jotka teidän osallenne ovat tulleet, vaan olkaa laumanne esikuvana. Silloin te ylimmän paimenen ilmestyessä saatte kirkkauden seppeleen, joka ei kuihdu.*

Taivaassa kaikki on ikuista eikä mikään kuihdu tai haihdu pois. Sinä tulet ymmärtämään että taivas on niin täydellinen paikka että siellä kaikki on ikuista ja jopa kruunutkin säilyvät ikuisesti.

## Minkälaiset Ihmiset Menevät Toiseen Kuningaskuntaan?

Korean pääkaupungin Soulin ympärillä on useita satelliittikaupunkeja ja näiden ympärillä on puolestaan useita pieniä kaupunkeja. Samalla tavalla taivaassa Uuden Jerusalemin sisältävän Kolmannen Kuningaskunnan ympärillä on Toinen Kuningaskunta, Ensimmäinen Kuningaskunta ja Paratiisi.

Ensimmäinen Kuningaskunta on niitä varten jotka ovat uskon toisella tasolla ja jotka yrittävät elää Jumalan sanan mukaan. Minkälaiset ihmiset menevät Toiseen Kuningaskuntaan? Toiseen Kuningaskuntaan päätyvät uskon kolmannella tasolla olevat ihmiset jotka voivat elää Jumalan sanan mukaisesti. Keskittykäämme nyt yksityiskohtaisesti siihen minkälaiset ihmiset menevät Toiseen Kuningaskuntaan.

## Toinen Kuningaskunta: Paikka Ihmisille Jotka Eivät Ole Täysin Pyhittyneitä

Sinä voit mennä Toiseen Kuningaskuntaan jos sinä elät Jumalan sanan mukaan ja suoritat velvollisuutesi vaikkei sinun sydämesi olisikaan tullut kokonaan pyhitetyksi.

Luonnollisesti sinä haluaisit lastesi muistuttavan sinua jos sinä olet komea, älykäs tai viisas. Samalla tavalla Jumala, joka on pyhä ja täydellinen, tahtoo Hänen todellisten lastensa muistuttavan itseään. Hän tahtoo lapsia jotka rakastavat Häntä ja pitävät Hänen käskynsä – jotka pitävät käskyt siksi että he rakastavat Häntä, eivätkä siksi että he pitävät sitä velvollisuutenaan. Sinä pystyt pitämään minkä tahansa Jumalan käskyn ilolla jos sinä rakastat Jumalaa aidosti sydämessäsi samalla, tavalla kuin miten sinä pystyt tekemään vaikeitakin asioita jos sinä todella rakastat toista henkilöä.

Sinä tulet noudattamaan iloiten ja kiittäen mitä Hän käskee sinua tekemään, heittäen pois kaiken minkä Hän käskee sinua heittämään pois, pidättäytyen siitä mistä Hän käskee sinua pidättäytymään ja tehden mitä Hän käskee sinua tekemään. Uskon kolmannella tasolla olevat ihmiset eivät voi kuitenkaan elää Jumalan sanan mukaan täydellä ilolla ja sydän kiitollisena sillä he eivät ole vielä saavuttaneet tätä tasoa.

Raamatusta löytyy lihan tekoja (Galatalaiskirje 5:19-21) ja lihan haluja (Roomalaiskirje 8:5). Kun sinä käyttäydyt sydämessäsi olevan pahuuden mukaan tätä kutsutaa lihan teoksi. Synnilliset luonteet joita sinä kannat sydämessäsi mutta jotka eivät ole vielä näyttäytyneet ulkoisesti ovat synnin haluja.

Uskon kolmannella tasolla olevat ovat jo heittäneet pois kaikki ulkoisesti näkyvät lihalliset teot mutta heidän sydämissään on yhä synnin haluja. He pitävät mitä Jumala on käskenyt heidän pitää, heittävät pois mitä Jumala käskee heidän heittää pois, pidättäytyvät tekemästä sitä mistä Jumala käskee heidän pidättäytyä ja he tekevät mitä Jumala käskee heidän tehdä. Silti pahuutta ei ole poistettu kokonaan heidän sydämistään.

Sinä voit mennä Toiseen Kuningaskuntaan jos sinä täytät velvollisuutesi vaikkei sinun sydämesi olekaan kokonaan pyhittynyt. "Pyhittymisellä" tarkoitetaan tilaa jossa sinä heität pois kaikenlaisen pahan ja kannat sydämessäsi ainoastaan hyvyyttä.

Jotta sinä kasvaisit uskon kolmannesta tasosta sen neljänteen tasoon sinun tulee ehdottomasti yrittää heittää syntisi pois aina sinun oman veresi vuodatukseen saakka.

## Ihmiset Jotka Ovat Täyttäneet Velvollisuutensa Jumalan Armosta

Toinen Kuningaskunta on paikka niille jotka eivät ole vielä saavuttaneet sydämiensä täyttä pyhittymistä mutta jotka ovat täyttäneen Jumalan antamat velvollisuutensa. Tarkistelkaamme seuraavaksi minkälaiset ihmiset pääsevät Toiseen Kuningaskuntaan keskittymällä erääseen kirkon jäseneen joka menehtyi palvellessaan Manminin Joong-an-kirkkoa.

Hän tuli Manminin Joong-an-kirkkoon aviomiehensä kanssa sen perustamisvuonna. Hän oli aiemmin kärsinyt vakavasta sairaudesta mutta tullut parannetuksi rukoukseni kautta ja hänen perhenjäsenistään tuli silloin uskovia. He kypsyivät uskossaan ja hänestä tuli vanhempi diakonissa ja hänen aviomiehestään tuli yksi kirkon vanhimmista. Heidän lapsensa kasvoivat ja he palvelevat Herraa pappina, pastorin vaimona ja lähetyssaarnaajana.

Tämä nainen ei kuitenkaan onnistunut heittämään pois kaikkea pahaa ja suorittamaan valvollisuuksiaan kunnolla. Hän kuitenkin katui Jumalan armosta, suoritti velvollisuutensa hyvin ja myöhemmin menehtyi. Jumala antoi minun tietää että hän asuisi taivaan Toisessa Kuningaskunnassa ja Hän salli minun kommunikoida hänen kanssaan hengessä.

Mennessään taivaaseen nainen katui eniten sitä ettei hän ollut heittänyt pois kaikkia syntejään tullakseen kokonaan pyhitetyksi, ja että hän ei ollut tunnustanut kiitollisuuttaan paimenelleen joka oli rukoillut hänen paranemisensa puolesta ja joka oli johdattanut häntä rakkaudella.

Hän oli myös kuvitellut pääsevänsä ainoastaan taivaan Ensimmäiseen Kuningaskuntaan ottaen huomioon mitä hän oli saavuttanut uskollaan, kuinka hän oli palvellut Herraa ja mitä sanoja hän oli päästänyt suustaan. Hänen maanpäällisen ajan lähestyessä loppuaan hänen uskonsa kasvoi nopeasti ja hän saattoi astua taivaan Toiseen Kuningaskuntaan hänen paimenensa rakastavien rukousten ja hänen omien Jumalaa miellyttävien tekojensa tähden.

Hänen uskonsa kasvoi itseasiassa hyvin nopeasti ennen hänen kuolemaansa. Hän keskittyi rukoilemiseen ja hän toimitti tuhansia kirkon uutiskirjeitä ympäri naapurustoaan. Hän ei huolehtinut itsestään vaan palveli vain uskollisesti Herraa.

Hän kertoi minulle talosta jossa hän tulisi elämään taivaassa. Hän sanoi että vaikka se olikin yksikerroksinen rakennus, se oli kauniisti koristeltu kukilla ja puilla. Se oli myös niin suuri ja loistokas että sitä ei voitaisi verrata yhteenkään tämän maailman taloon.

Kolmannen Kuningaskunnan tai Uuden Jerusalemin taloihin verrattuna tämä on tietenkin pelkkä olkikattoinen maja, mutta hän oli kiitollinen ja tyytyväinen sillä hän ei ollut ansainnut sitä. Hän tahtoi välittää seuraavan viestin perheelleen niin että he voisivat päästä Uuteen Jerusalemiin.

"Taivas on jaettu hyvin tarkasti. Jokaisen paikan kirkkaus ja valoisuus ovat hyvin erilaisia, joten minä rohkaisen heitä uudelleen ja uudelleen astumaan Uuteen Jerusalemiin. Minä haluan kertoa maan päällä oleville perheenjäsenilleni kuinka häpeällistä se onkaan jos me emme ole heittäneet pois syntejämme kun kohtaamme Isä Jumalan taivaassa. Palkkiot joita Jumala antaa Uuteen Jerusalemiin päässeille ja taivaan loistavat talot ovat kaikki kadehdittavia, mutta minä haluaisin kertoa kuinka surullista ja häpeällistä on jos sinä et ole heittänyt pois kaikenlaista pahaa Jumalan edessä. Minä haluaisin lähettää tämän viestin perheenjäsenilleni jotta he heittäisivät kaikenlaisen pahan pois ja astuisivat loistaviin asemiin Uudessa Jerusalemissa."

Joten minä rohkaisen teitä ymmärtämään kuinka kallisarvoista ja tärkeää on että sinä pyhität sinun sydämesi ja omistat päivittäisen elämäsi taivaasta unelmoiden Jumalan kuningaskunnalle ja vanhurskaudelle, jotta sinä voisit edetä voimallisesti kohti Uutta Jerusalemia.

## Ihmiset Jotka Ovat Uskollisia Kaikessa Mutta Eivät Ole Kuuliaisia Koska He Omaavat Vääränlaisen Käsityksen Vanhurskaudesta

Keskittykäämme nyt toiseen jäseneen joka rakasti Herraa ja suoritti velvollisuutensa uskollisesti mutta joka ei päässyt Kolmanteen Kuningaskuntaan sen tähden että hänen uskonsa oli vajavainen.

Hän saapui Manminin Joong-ang-kirkkoon hänen aviomiehensä sairauden tähden ja hänestä tuli erittäin aktiivinen jäsen. Hänen aviomiehensä kannettiin kirkkoon paareilla mutta hänen kipunsa katosivat ja hän pystyi nousemaan ylös ja kävelemään. Kuvittele kuinka kiitollinen tämän naisen onkaan pitänyt olla! Hän oli aina kiitollinen Jumalalle joka oli parantanut hänen aviomiehensä sairauden sekä hänen rakastaen rukoilleelle paimenelleen. Hän oli aina uskollinen. Hän rukoili Jumalan valtakunnan puolesta, ja hän rukoili paimenelleen kiitollisena kaikkina aikoina, oli hän sitten kävelemässä, istumassa, seisomassa tai jopa ruokaa laittamassa.

Hän myös lohdutti muita sen sijaan että tuli itse lohdutetuksi sillä hän rakasti veljiään ja sisariaan Kristuksessa ja hän rohkaisi muita uskovia ja huolehti heistä. Hän tahtoi elää ainoastaan Jumalan sanan mukaan ja hän yritti heittää pois kaikki syntinsä aina oman verensä vuodatukseen saakka. Hän ei koskaan kadehtinut tai kaivannut maallisia rikkauksia vaan keskittyi ainoastaan evankeliumin saarnaamiseen naapureilleen.

Hänen uskollisuutensa tähden Jumalan valtakuntaa kohden minun sydämeni lämpeni Pyhällä Hengellä nähdessäni hänen uskollisuutensa, ja minä pyysin häntä ottamaan vastaan velvollisuuden jumalanpalveluksestani. Minä uskoin että jos hän täyttäisi velvollisuutensa uskollisesti hänen koko perheensä, aviomies mukaanlukien, tulisi löytämään hengellisen uskon.

Hän ei kuitenkaan voinut totella sillä hän katsoi niitä olosuhteita joissa hän eli ja lihalliset ajatukset söivät häntä. Hieman myöhemmin hän menehtyi. Minun sydämeni oli murheellinen ja rukoillessani Jumalaa minä saatoin kuulla hänen tunnustuksensa hengellisen kommunikoinnin kautta.

"Vaikka minä kuinka katuisin sitä etten totellut paimenta ei kelloja voida kääntää taaksepäin. Joten minä vain rukoilen Jumalan valtakunnan ja paimenen puolesta enemmän ja enemmän. Yksi asia joka minun pitää kertoa, rakkat veljet ja sisaret, on että mitä paimen julistaa on Jumalan tahto. Jumalan tahtoa vastaan niskoittelu on suuri synti ja niin on vihakin suuri synti. Tämän tähden ihmiset kohtaavat vaikeuksia ja minut palkittiin siitä että en vihastunut vaan nöyristin sydämeni ja yritin totella koko sydämelläni. Minusta on tullut henkilö joka puhaltaa pasuunaan Jumalan puolesta. Päivä lähestyy jolloin minä saan kohdata rakkaat veljeni ja sisareni. Minä toivon että rakkaat veljeni ja sisareni olisivat kirkasmielisiä ja että heiltä ei puuttuisi mitään jotta hekin odottaisivat innolla tätä päivää."

Tämä lisäksi hän tunnusti myös muita asioita, ja hän kertoi minulle että syy siihen että hän ei päässyt Kolmanteen Kuningaskuntaan oli hänen tottelemattomuutensa.

"Oli muutama asia joiden suhteen minä olin tottelematon ennenkuin tulin tähän valtakuntaan. Joskus minä sanoin 'Ei, ei, ei," kuunnellessani viestejä. En täyttänyt velvollisuuksiani kunnolla. Käytin lihallisia ajatuksiani, sillä minä kuvittelin että täyttäisin velvollisuuteni sitten kun olosuhteeni paranisivat. Jumalan silmissä tämä oli suuri virhe."

Hän myös sanoi kadehtineensa pappeja sekä kirkon taloudesta huolehtivia ihmisiä aina näitä nähdessään, miettien kuinka suuret näiden taivaassa odottavat palkkiot olisivatkaan. Hän kuitenkin tunnusti että kun hän meni taivaaseen näin ei kuitenkaan aina ollutkaan.

"Ei! Ei! Ei! Vain ne jotka elävät Jumalan tahdon mukaisesti saavat suuria palkkioita ja siunauksia. Se, että johtaja tekee virheen on paljon suurempi synti kuin jos tavallinen jäsen tekee virheen. Heidän täytyy rukoilla enemmän. Johtajien täytyy olla uskollisempia. Heidän täytyy opettaa paremmin. Heidän täytyy osata olla tarkkanäköisiä. Tämän takia yksi neljästä evankeliumista sanoo että sokea mies johdattaa toista sokeaa. Sanan merkitys 'Älköön moni teistä tulisi opettajaksi' Ihminen tulee siunatuksi jos hän yrittää parhaansa asemassaan. Päivä, jolloin me kohtaamme toisemme Jumalan lapsina ikuisessa kuningaskunnassa on lähestymässä. Joten kaikkien tulisi heittää pois kaikki lihan teot, tulla vanhurskaaksi, ja olla ansioitunut Herran morsiamena ilman häpeää Jumalan edessä seistessään."

Joten sinun tulisi ymmärtää kuinka tärkeätä on totella, ei velvollisuudentunnosta vaan sisäisen sydämesi ilosta ja Jumalaa kohtaan tuntemasi rakkauden tähden, ja pyhittää sydämesi. Lisäksi sinun ei tulisi olla ainoastaan kirkossakävijä vaan sinun tulisi tarkistella minkälaiseen taivaalliseen kuningaskuntaan sinä saisit astua jos Isä kutsuisi sinun sieluasi tänään.

Sinun tulee olla uskollinen kaikissa velvollisuuksissasi ja elää Jumalan sanan mukaan niin että sinä olisit täysin pyhittynyt ja tarpeeksi ansioitunut astuaksesi Uuteen Jerusalemiin.

1. Korinttolaisirje 15:41 kertoo että jokaisen taivaassa saama kirkkaus ja kunnia tulevat vaihtelemaan. Se sanoo, *"Toinen on auringon kirkkaus ja toinen kuun kirkkaus ja toinen tähtien kirkkaus, ja toinen tähti voittaa toisen kirkkaudessa."*

Kaikki jotka tulevat pelastumaan saavat nauttia ikuisesta elämästä taivaassa. Jotkut tulevat kuitenkin pysymään Paratiisissa kun taas toiset tulevat menemään Uuteen Jerusalemiin, kaikki kuitenkin uskonsa määrän mukaisesti. Ero kirkkaudessa ja kunniassa on kuitenkin niin suuri ettei sitä voida edes ilmaista.

Joten minä rukoilen Herran nimessä, että sinä et pysyisi uskossa ainoastaan pelastuksen toivossa mutta että sinä olisit kuin maanviljelijä joka möi kaiken omistamansa ostaakseen pellon ja kaivaakseen esiin aarteen, ja että sinä eläisit Jumalan sanan mukaan ja heittäisit pois kaikenlaisen pahan niin, että sinä pääsisit Uuteen Jerusalemiin ja voisit siellä elää kirkkaudessa joka loistaa siellä kuin aurinko.

# ᦁ Luku 9 ᦁ

# Taivaan Kolmas Kuningaskunta

*Autuas se mies, joka kiusauksen kestää, sillä kun hänet on koeteltu, on hän saava elämän kruunun, jonka Herra on luvannut niille, jotka Häntä rakastavat!*

*- Jaakob 1:12*

Jumala on henki ja Hän on itse hyvyys, valo ja rakkaus. Tämän takia Hän tahtoo Hänen lastensa heittävän pois kaikki synnit ja kaikenlaisen pahan. Jeesus, joka tuli tähän maailmaan ihmisenä on tahraton, sillä Hän on itse Jumala. Minkälainen ihminen sinun tulisi sitten olla ollaksesi morsian jonka luokse Herra saapuu?

Tullaksesi Jumalan todelliseksi lapseksi ja Herran morsiameksi joka tulee jakamaan Herran todellisen rakkauden ikuisesti, sinun tulee olla Jumalan pyhän sydämen kaltainen ja pyhittää itsesi heittämällä pois kaikenlaisen pahuuden.

Taivaan Kolmas Kuningaskunta, joka on paikka niitä Jumalan lapsia varten jotka ovat pyhiä ja Jumalan sydämen kaltaisia, on hyvin erilainen Toiseen Kuningaskuntaan verrattuna. Jumala kohtelee pyhittyneitä lapsiaan erityisellä tavalla, sillä Hän vihaa pahaa ja rakastaa hyvyyttä. Minkälainen paikka tämä Kolmas

169

Kuningaskunta sitten on ja kuinka paljon sinun pitää rakastaa Jumalaa sinne päästäksesi?

## Enkelit Palvelevat Jokaista Jumalan Lasta

Kolmannen Kuningaskunnan talot ovat niin paljon mahtavampia Toisen Kuningaskunnan yksikerroksisiin taloihin verrattuna ettei näitä voida edes verrata toisiinsa. Niiden koristelemiseen on käytetty runsaasti jalokiviä ja niistä löytyy kaikki niiden omistajien haluamat piirteet.

Lisäksi Kolmannesta Kuningaskunnasta eteenpäin jokaiselle annetaan heitä palveleva enkeli joka rakastaa ja ihailee isäntäänsä ja tarjoaa hänelle vain parhaita asioita.

### Enkelit Yksityispalvelijoina

Heprealaiskirje 1:14 sanoo, *"Eivätkö he kaikki ole palvelevia henkiä, palvelukseen lähetettyjä niitä varten, jotka saavat autuuden periä?"* Enkelit ovat puhtaasti hengellisiä olentoja. Jumalan luomina ne muistuttavat ulkonäöltään ihmisiä mutta niillä ei ole lihaa tai luita, eikä niillä ole mitään tekemistä avioliiton tai kuoleman kanssa. Ne eivät omaa persoonallisia luonteita niin kuin ihmiset, mutta niiden tiedot ja voima ovat paljon ihmisten vastaavia suuremmat (2. Piet. 2:11).

Taivaassa on lukemattomia enkeleitä kuten tuhansista enkeleistä puhuva Heprealaiskirje 12:22 meille kertoo. Jumala on antanut enkeleille järjestyksen ja eri arvoja sekä antanut niille eri tehtäviä ja tehtäviensä mukaisia valtuuksia.

Joten enkelien välillä on eroavaisuuksia, ja on olemassa enkeleitä, taivaallisia isäntiä ja arkkienkeleitä. Gaabriel, joka toimii asianhoitajana, tulee luoksesi rukousvastaustesi tai Jumalan suunnitelmien tai paljastusten kanssa (Daniel 9:21-13; Luukas 1:19, 1:26-27). Arkkienkeli Mikael, joka on kuin sotajoukon upseeri, on taivaallisen sotajoukon ministeri. Hän johtaa taistelua pahoja henkiä vastaan, rikkoen joskus itse pimeyden taistelulinjat (Daniel 10:14-14, 10:21; Juudas 1:9; Ilmestyskirja 12:7-8).

Näiden enkeleiden joukossa on niitä jotka palvelevat isäntiään yksityisesti. Paratiisissa, Ensimmäsessä Kuningaskunnassa ja Toisessa Kuningaskunnassa on enkeleitä jotka joskus auttavat Jumalan lapsia, mutta näissä paikoissa ei ole enkeleitä jotka palvelisivat isäntiään yksityisluontoisesti. Näissä paikoissa on vain enkeleitä jotka huolehtivat ruohosta, kukkateistä tai julkisista tiloista pitääkseen huolen siitä että kaikki on niinkuin pitääkin, sekä enkeleitä jotka toimittavat Jumalan viestejä.

Ne, jotka pääsevät Kolmanteen Kuningaskuntaan tai Uuteen Jerusalemiin saavat kuitenkin palkkioina omia enkeleitä sillä he ovat rakastaneet ja miellyttäneet Jumalaa hyvin paljon. Annettujen enkeleiden lukumäärä vaihtelee myös sen mukaan kuinka paljon henkilö muistuttaa Jumalaa ja kuinka paljon hän on miellyttänyt Häntä kuuliaisuudellaan.

Jos sinulla on suuri talo Uudessa Jerusalemissa sinulle annetaan lukemattomia enkeleitä, sillä se tarkoittaa sitä että sinä muistutat Jumalan sydäntä ja että sinä olet johdattanut lukemattomia ihmisiä pelastukseen. Siellä tulee olemaan enkeleitä jotka pitävät huolen talosta, enkeleitä jotka huolehtivat tiloista sekä palkkiona annetuista asioista, sekä enkeleitä jotka huolehtivat isännästä hänen yksityispalvelijoinaan. Siellä tulee olemaan useita enkeleitä. Päästessäsi Kolmanteen Kuningaskuntaan sinä et tule omaamaan pelkästään enkeleitä jotka palvelevat sinua yksityisesti, vaan muös enkeleitä jotka huolehtivat talostasi sekä enkeleitä jotka toimivat ovimiehinä ja auttavat vierailijoita. Sinä tulet olemaan hyvin kiitollinen Jumalalle jos sinä saat astua Kolmanteen Kuningaskuntaan, sillä Jumala antaa sinun hallita ikuisesti samalla kun Hänen sinulle ikuisiksi palkkioiksi antamansa enkelit palvelevat sinua.

## Upeat Monikerroksiset Yksityiskodit

Kolmannen Kuningaskunnan taloissa, jotka ovat koristeltu kauniilla kukilla ja kauniisti tuoksuvilla puilla, on puutarhoja ja järviä. Järvissä on paljon kaloja, ja ihmiset voivat keskustella niiden kanssa ja jakaa rakkautensa niiden kanssa. Enkelit soittavat myös kaunista musiikkia ja ihmiset voivat ylistää Isä Jumalaa niiden kanssa.

Toisin kuin Toisessa Kuningaskunnassa jossa asukkaille sallitaan vain yksi lempiesine tai –tila, Kolmannen Kuningaskunnan asukkaat saavat omistaa mitä tahansa he haluavat, oli se sitten golf-kenttä, uima-allas, järvi, kävelypolku, juhlasali, tai mitä muuta tahansa. Joten heidän ei tarvitse mennä naapureidensa taloon nauttiakseen jostakin mitä heiltä itseltään puuttuu, ja niin he voivat nauttia näistä asioista milloin tahansa.

Kolmannen Kuningaskunnan talot ovat monikerroksisia ja upeita, loistavia ja kooltaan suuria. Ne ovat niin kauniisti koristeltuja ettei yksikään miljardööri voisi yltää samaan tässä maailmassa.

Kolmannen Kuningaskunnan taloissa ei muuten ole nimilaattoja. Ihmiset tietävät kenelle talot kuuluvat ilman nimilaattojakin, sillä ainutlaatuinen tuoksu joka ilmaisee omistajan puhtaan ja kauniin sydämen leijailee talon ympärillä.

Kolmannen Kuningaskunnan taloissa on eri tuoksuja ja niiden valojen kirkkaudet vaihtelevat. Mitä enemmän isäntä muistuttaa Jumalan sydäntä, sitä kauniimpia ja kirkkaampia tämä tuoksu ja valo ovat.

Kolmannessa Kuningaskunnassa ihmisille annetaan myös lintuja ja lemmikkieläimiä. Nämä ovat paljon kauniimpia ja upeampia kuin Ensimmäisessä tai Toisessa Kuningaskunnassa olevat eläimet. Lisäksi täällä pilviautoja käytetään julkisesti ja ihmiset voivat matkustaa ympäri rajatonta taivasta niin paljon kuin he haluavat.

Kuten näet, Kolmannessa Kuningaskunnassa ihmiset voivat omistaa ja tehdä mitä he ikinä haluavatkin. Elämä Kolmannessa Kuningaskunnassa olisi kuvittelemattoman uskomatonta.

## Elämän Kruunu

Ilmestyskirja 2:10 sisältää lupauksen "elämän kruunusta", joka annetaan niille jotka ovat olleet uskollisia Jumalan valtakunnalle aina kuolemaankin saakka.

*Älä pelkää sitä, mitä tulet kärsimään. Katso, perkele*
*on heittävä muutamia teistä vankeuteen, että teidät*

*pantaisiin koetukselle, ja teidän on oltava ahdistuksessa kymmenen päivää. Ole uskollinen kuolemaan asti, niin minä annan sinulle elämän kruunun.*

"Kuolemaan asti uskollisena oleminen" ei viittaa tässä ainoastaan uskollisena pysymiseen marttyyrin uskon avulla, vaan myös kieltäytymiseen tehdä kompromissia maailman kanssa sekä täydelliseen pyhittymiseen, joka saavutetaan heittämällä pois kaikki synnit aina oman veren vuodatuksen kustannuksella. Jumala palkitsee elämän kruunulla kaikki Kolmanteen Kuningaskuntaan päässeet, sillä he ovat olleet uskollisia aina kuolemaan saakka ja selviytyneet kaikenlaisista vaikeuksista ja koettelemuksista (Jaakob 1:12).

Kun Kolmannen Kuningaskunnan asukkaat vierailevat Uudessa Jerusalemissa, he asettavat pyöreän merkin elämän kruunun oikealle reunalle. Kun Paratiisin, Ensimmäisen tai Toisen Kuningaskunnan asukkaat vierailevat Uudessa Jerusalemissa, he asettavat merkin vasemmalle puolelle rinnustaan. Täten sinä näet että kunnia ja kirkkaus ovat erilaisia Kolmannen Kuningaskunnan asukkaille.

Uuden Jerusalemin asukkaat ovat kuitenkin Jumalan erityishuolenpidon alaisia, joten he eivät tarvitse mitään merkkiä. Heitä kohdellaan hyvin erityisellä tavalla sillä he ovat Jumalan todellisia lapsia.

## Uuden Jerusalemin Talot

Kolmannen Kuningaskunnan talot eroavat suuresti Uuden

Jerusalemin taloista koon, kauneuden ja kirkkauden suhteen.

Ensinnäkin, jos me sanomme että pienin talo Uudessa Jerusalemissa on 100, niin talo Kolmannessa Kuningaskunnassa on 60. Jos pienin talo Uudessa Jerusalemissa on esimerkiksi 100 000 neliöjalkaa, niin talo Kolmannessa Kuningaskunnassa olisi 60 000 neliöjalkaa.

Yksittäisten talojen koko vaihtelee kuitenkin suuresti, sillä niiden koko riippuu siitä kuinka kovasti niiden isäntä työskenteli pelastaakseen mahdollisimman monta sielua ja rakentaakseen Jumalan kirkon. Kuten Jeesus sanoo luvussa Matteus 5:5: *"Autuaita ovat hiljaiset, sillä he saavat maan periä"*, hänen talonsa koko tulee riippumaan siitä kuinka monta sielua talon omistaja johdatti taivaaseen nöyrin sydämin.

Joten Kolmannessa Kuningaskunnassa ja Uudessa Jerusalemissa on useita taloja jotka ovat kymmenien tuhansien neliöjalkojen kokoisia, mutta jopa Kolmannen Kuningaskunnan suurimmat talot ovat paljon pienempiä kuin Uuden Jerusalemin talot. Koon lisäksi myös muodot, kauneus, ja koristuksiin käytetyt jalokivet eroavat suuresti.

Uudessa Jerusalemissa on kahdentoista perusjalokiven lisäksi myös muita kauniita jalokiviä. Siellä on uskomattoman suuria jalokiviä jotka sisältävät kauniita värejä. Siellä on niin useita eri jalokiviä ettei niitä kaikkia voida nimetä, ja jotkut niistä loistavat jopa kahdessa tai kolmessa eri värissä samanaikaisesti.

Tietenkin myös Kolmannessa Kuningaskunnassa on useita jalokiviä. Niiden moninaisuuksista huolimatta Kolmannen Kuningaskunnan jalokiviä ei voida verrata Uuden Jerusalemin jalokiviin. Kolmannessa Kuningaskunnassa ei ole jalokiviä jotka loistaisivat kahdessa tai kolmessa värissä samanaikaisesti. Kolmannen Kuningaskunnan jalokivet loistavat paljon kauniimmissa väreissä kuin Ensimmäisen tai Toisen Kuningaskunnan jalokivet. Ne ovat kuitenkin vain yksinkertaisia perusjalokiviä, ja jopa samanlaatuiset jalokivet ovat vähemmän kauniita Uuden Jerusalemin ulkopuolella.

Tämän tähden Jumalan kirkkautta täynnä olevan Uuden Jerusalemin ulkopuolella asuvat Kolmannen Kuningaskunnan asukkaat katsovat sitä ja toivovat voivansa olla siellä ikuisesti.

"Jos minä olisin yrittänyt kovemmin ja
ollut uskollisempi koko Jumalan talossa..."
"Jospa vain Isä kutsuisi minun nimeäni joslus..."
"Jospa minut kutsuttaisiin vielä kerran.."

Kolmas Kuningaskunta on täynnä uskomatonta onnea ja kauneutta, mutta niitä ei voida verrata Uuden Jerusalemin onneen tai kauneuteen.

## Minkälaiset Ihmiset Menevät Kolmanteen Kuningaskuntaan?

Avatessasi sydämesi ja ottaessasi vastaan Jeesuksen Kristuksen henkilökohtaiseksi pelastajaksesi Pyhä Henki tulee ja opettaa sinua synnistä, vanhurskaudesta ja tuomiosta, saaden sinut ymmärtämään totuuden. Kun sinä noudatat Jumalan sanaa ja heität pois kaikenlaisen pahan ja sinä tulet pyhitetyksi, sinä olet tilassa jossa sinun sielusi menestyy – uskon neljännellä tasolla.

Uskon neljännen tason saavuttaneet rakastavat Jumalaa ja ovat Jumalan rakastamia, ja he saavat astua Kolmanteen Kuningaskuntaan. Minkälainen henkilö sitten omaa sellaisen uskon jonka avulla hän saa astua Kolmanteen Kuningaskuntaan?

## Tulemalla Pyhitetyksi Heittämällä Pois Kaikenlaisen Pahan

Vanhan testamentin aikoina ihmiset eivät saaneet Pyhää Henkeä osakseen. Tästä johtuen he eivät voineet heittää omin voimin pois syvällä sydämissään olevia syntejä. Tämän takia he tekivät fyysisiä ympärileikkauksia ja ellei pahuus muuttunut teoksi sitä ei pidetty syntinä. Vaikka joku ajattelikin toisen murhaamista sitä ei pidetty syntinä niin kauan kun ajatus ei johtanut tekoihin. Vasta sitten kun ajatukset muuttuivat teoiksi tätä pidettiin syntinä.

Uuden testamentin aikoina Pyhä Henki saapuu kuitenkin sydämeesi jos sinä hyväksyt Jeesuksen Kristuksen. Sinä et voi astua Kolmanteen Kuningaskuntaan ellei sinun sydämesi ole pyhittynyt. Tämä johtuus siitä että sinä voit ympärileikata sydämesi Pyhän Hengen avulla.

Joten sinä voit astua Kolmanteen Kuningaskuntaan vasta sitten kun sinä olet heittänyt pois kaikenlaisen pahan, kuten ilkeyden, haureuden, ahneuden ja muun vastaavan, ja tullut pyhittyneeksi. Minkälainen ihminen sitten omaa pyhittyneen sydämen? Tällainen ihminen omaa 1. Korinttolaiskirjeen 13 jakeessa kuvaillun hengellisen rakkauden, Galatalaiskirje 5:n yhdeksän Pyhän Hengen hedelmää, sekä Matteus 5:n Hyveet. Hän myös omaa Herran pyhyyden.

Tämä ei tietenkään tarkoita että hän olisi samalla tasolla Herran kanssa. Kuinka paljon tahansa ihminen sitten heittäisikin pois syntejään ja tulisi pyhitetyksi, hänen tasonsa olisi silti hyvin erilainen verrattuna Jumalaan, joka on valon lähde.

Joten voidaksesi pyhittää sydämesi sinun tulee ensin valmistaa sydämeesi hyvä maaperä. Toisin sanoen sinun tulisi valmistaa sydämesi maaperä pidättäytymällä tekemästä Raamatun kieltämiä asioita ja heittämällä pois kaiken mitä Raamattu käskee sinua heittämään pois. Sinä voit kantaa hyviä hedelmiä vasta sen jälkeen kun siemenet ovat tulleet kylvetyiksi. Samalla tavalla kuin maanviljelijä kylvää siememet raivattuaan ensin maan, sinuun kylvetyt siemenet itävät, kukkivat ja kantavat hedelmää sen jälkeen kun sinä teet mitä Jumala käskee sinua tekemään ja pidät mitä Hän käskee sinua pitämään.

Pyhittyminen viittaa siis tilaan, jossa henkilö puhdistuu sekä perisynnistä että itsetehdyistä synneistä Pyhän Hengen tekojen kautta sen jälkeen kun hän on syntynyt uudelleen vedellä ja Pyhällä Hengellä, uskoen Jeesuksen Kristuksen lunastuksen voimaan. Se, että sinun syntisi annetaan anteeksi uskomalla Jeesuksen Kristuksen vereen on eri asia kuin se, että sinä heität itsestäsi pois Pyhän Hengen avulla synnin luonteen, rukoillen ja paastoten kiivaasti ja jatkuvasti.

Jeesuksen Kristuksen hyväksyminen ja Jumalan lapseksi tuleminen ei tarkoita sitä että sinun sydämesi synnit annetaan sinulle automaattisesti anteeksi. Sinussa on silti vihan, ylpeyden ja muiden vastaavien kaltaisia syntejä, ja tämän takia se prosessi, jonka kautta sinä löydät pahuuden Jumalan sanaa kuuntelemalla ja pahuutta vastaan taistelemalla aina oman veresi vuodatukseen saakka on elintärkeä (Heprealaiskirje 12:4).

Tällä tavoin sinä heität pois lihan teot ja etenet kohti pyhitystä. Tila, jossa sinä et ole heittänyt pois pelkästään lihan tekoja vaan myös lihan halut sydämestäsi, on uskon neljäs taso, pyhityksen tila.

## Miksi Jumala Salli Jobin Ankarat Koettelemukset?

Jaakob 1:12 kertoo sinulle että joskus Jumala sallii koettelemukset ja että Hän johdattaa sinut saavuttamaan pyhittymisen.

*Autuas se mies, joka kiusauksen kestää, sillä kun hänet on koeteltu, on hän saava elämän kruunun, jonka Herra on luvannut niille jotka Häntä rakastavat!*

Vanhan testamentin Job oli tarpeeksi vanhurskas tullakseen Jumalan tunnustamaksi miehenä, joka oli nuhteeton ja suoraselkäinen, ja joka pelkäsi Jumalaa ja vältti pahaa (Job 1:1).

Eräänä päivänä hän kohtasi koettelemuksen. Hän menetti kaikki lapsensa ja koko omaisuutensa. Job ei valittanut ollenkaan vaan pelkästään kiitti ja ylisti Jumalaa.

Koettelemusten kuitenkin jatkuessa hän alkoi valittaa Jumalalle, sanoen: "Minä olen ollut uskollinen ja pelännyt

179

Jumalaa. Miksi Jumala sitten antaa minulle tämän kivun?"

Miksi Jumala sitten salli Jobin, jonka sanottiin olevan oikeamielinen, kohdata näitä koettelemuksia? Kuten käsityöläinen, joka tahtoo että hänen kallisarvoisesta jalokivestään tulisi puhdas ja täydellinen, niin myös Jumala tahtoi muokata Jobista näiden koettelemusten kautta vieläkin kauniimman astian.

Jopa nuhteeton ja suoraselkäinen Job kantoi luonteessaan syntejä joista hän ei ollut ollut tietoinen, ja niinpä Jumala salli koettelemusten kohdata häntä pyhittääkseen hänet kokonaan. Tämän jälkeen Jobin tultua hyväksytyksi Jumala siunasi häntä kaksinkerroin aikaisempaan verrattuna.

## Pyhittyminen Vasta Luonteen Syntien Poisheittämisen Jälkeen

Mitkä sitten ovat ihmisen luonteessa olevia syntejä? Nämä ovat syntejä jotka ovat kulkeutuneet alaspäin vanhemmilta elämän siemenen mukana aina Aatamin tottelemattomuudesta lähtien. Sinä voit esimerkiksi panna merkille että jopa alle vuoden ikäisellä lapsella on pahoja ajatuksia. Vaikka vauvan äiti ei olekaan opettanut tälle mitään vihan tai kateellisuuden kaltaisia pahoja asioita, tämä silti suuttuu ja tekee pahoja asioita jos sen äiti tarjoaa rintaa naapurin lapselle. Se saattaa yrittää työntää naapurin vauvaa pois ja alkaa sitten itkeä täynnä vihaa jos tämä naapurin vauva ei lähde pois äidin luota.

Syy siihen että jopa vauva tekee pahoja asioita vaikkei se ole oppinut niitä mistään on se että synti asuu sen luonteessa. Tehdyt synnit ovat syntejä jotka paljastuvat fyysisissä toimissa, seuraten sydämen syntisiä haluja.

On tietenkin itsestäänselvää että sinun itsetekemäsi synnit tulevat heitetyiksi pois, sillä näiden syntien lähde on poistettu jos sinä tulet pyhitetyksi perisynnistä. Joten hengellinen uudeelleensyntyminen on pyhityksen alku, ja pyhittyminen on uudelleensyntymisen täydellistyminen. Joten jos sinä olet syntynyt uudelleen, minä toivon että sinä tulet elämään menestyksellisen kristityn elämän saavuttaaksesi pyhityksen.

Jos sinä todella tahdot tulla pyhitetyksi ja löytää Jumalan kadotetun kuvan ja yrittää parhaasi, niin silloin sinä kykenet heittämään pois luonteesi synnit Jumalan armosta ja Hänen voimallaan, sekä Pyhän Hengen avulla. Minä toivon, että sinä tulet olemaan Jumalan pyhän sydämen kaltainen niinkuin Hän rohkaisee sinua: *"Olkaa pyhät, sillä minä olen pyhä"* (1. Piet. 1:16).

## Pyhittynyt Mutta Ei Uskollinen Koko Jumalan Talossa

Jumala on sallinut minun kommunikoida hengellisesti erään jo menehtyneen henkilön kanssa joka oli tarpeeksi ansioitunut päästäkseen Kolmanteen Kuningaskuntaan. Hänen kotinsa portti on koristeltu helmillä koska hän oli rukoillut peräänantamattomasti ja kyynelehtien surussaan niin paljon tässä maailmassa ollessaan. Hän oli hyvin uskollinen uskova joka rukoili sekä Jumalan kuningaskunnan ja oikeamielisyyden puolesta, että hänen kirkkonsa ja sen pappien ja jäsenten puolesta kyynelin ja periksiantamattomin mielin.

181

Ennen Herran kohtaamista tämä nainen oli niin köyhä ja onneton ettei hän ei voinut kantaa edes yhtä kultahippusta mukanaan. Otettuaan Herran vastaan hän saattoi kiirehtiä pyhitystä kohti sillä hän saattoi noudattaa totuutta sen jälkeen kun Jumalan sanan kuunteleminen sai hänet ymmärtämään sen merkityksen.

Hän saattoi myöskin suoriutua velvollisuuksistaan kunnollisesti, sillä hän kuunteli useita opetuksia Jumalan rakastamalta papilta, ja hän palveli tätä pappia tunnollisesti. Tämän tähden hän päätyi kirkkaampaan ja kunniakkaampaan paikkaan Kolmannen Kuningaskunnan sisällä.

Lisäksi erittäin kaunis Uudesta Jerusalemista peräisin oleva jalokivi tullaan asettamaan hänen talonsa portille. Tämän jalokiven on antanut hänelle hänen maan päällä palvelemansa pappi. Tämä saarnaaja tulee irroittamaan tämän jalokiven olohuoneestaan ja asettamaan sen naisen portille vieraillessaan hänen luonaan. Tämä jalokivi toimii merkkinä siitä että saarnaaja kaipaa tätä naista joka palveli häntä maan päällä, sillä nainen ei päässyt Uuteen Jerusalemiin siitä huolimatta että nainen olikin ollut erittäin avualias saarnaajalle. Joten monet Kolmannen Kuningaskunnan ihmiset tulevat kadehtimaan tätä jalokiveä.

Tämä nainen on silti pahoillaan sen johdosta ettei hän päässyt Uuteen Jerusalemiin. Jos hän olisi omannut tarpeeksi uskoa Uuteen Jerusalemiin päästäkseen, hän olisi ollut tulevaisuudessa Herran, hänen maan päällä palvelemansa saarnaajan, sekä muiden rakkaiden kirkonjäsenten kanssa. Jos hän olisi ollut hieman uskollisempi maan päällä ollessaan hän olisi päässyt Uuteen Jerusalemiin, mutta tottelemattomuutensa tähden menetti tämän mahdollisuuden kun se hänelle annettiin.

Hän on silti kiitollinen ja syvästi liikuttunut sen kirkkauden tähden jonka hän on saanut osakseen Kolmannessa Kuningaskunnassa, ja hän tunnustaa seuraavasti. Hän on kiitollinen koska hän sai palkkioikseen useita arvokkaita asioita joita hän ei olisi koskaan ansainnut tekojensa perusteella.

"Siitä huolimatta että minä en epätäydellisyyteni tähden saanut mennä Isän kirkkautta täynnä olevaan Uuteen Jerusalemiin minulla on oma talo tässä kauniissa Kolmannessa Kuningaskunnassa. Minun taloni on iso ja erittäin kaunis. Minulle annettiin monia ihmeellisia ja upeita asioita joita tämä maailma ei voi edes kuvitella vaikka minun taloni ei olekaan iso verrattuna Uuden Jerusalemin taloihin.

Minä en ole tehnyt mitään. Minä en ole antanut mitään. Minä en ole tehnyt mitään todella hyödyllistä. Minä en ole myöskään tehnyt mitään mikä olisi tuottanut suurta iloa Herralle. Silti kirkkaus josta täällä nautin on niin suuri että minä voin vain katua ja olla kiitollinen. Minä kiitän Jumalaa siitä että hän on sallinut minun asettua kunniakkaalle paikalle Kolmannen Kuningaskunnan sisällä."

### Ihmiset Joilla On Marttyyrien Usko

Sinäkin voit astua ainakin Kolmanteen Kuningaskuntaan jos sinulla on marttyyriuden usko jonka avulla sinä voit uhrata kaiken, jopa elämäsikin, Jumalalle. Samalla tavalla ihminen joka rakastaa Jumalaa niin paljon että tulee pyhittyneeksi sydämessään

183

saa astua Kolmanteen Kuningaskuntaan.

Ne alkukirkkojen jäsenet jotka pitivät kiinni uskostaan aina siihen asti kun heidät mestattiin tai kun leijonat söivät heidät elävältä Rooman Kolosseumilla tulevat saamaan martyyriyden palkinnon taivaassa. Näin ankarien vainojen ja uhkailujen aikana martyyriksi tuleminen ei ole helppoa.

Sinä olet sellaisten ihmisten ympäröimänä jotka eivät pyhitä Herran lepopäivää tai jotka eivät rahanhimon sokaisemina välitä Jumalan asettamista velvollisuuksistaan. Tällaiset ihmiset jotka eivät pysty noudattamaan edes vähäisiä asioita eivät koskaan pysty pitämään kiinni uskostaan hengenvaarallisissa tilanteissa, saati sitten tulla marttyyreiksi.

Minkälaiset ihmiset omaavat marttyyrien uskon? Sellaiset Vanhan testamentin Danielin kaltaiset ihmiset jotka omaavat muuttumattoman ja ylpeän uskon. Ihmisillä, joiden mieli on vilpillinen ja jotka edistävät vain omaa hyväänsä ja tekevät kompromisseja maailman kanssa on kuitenkin vain hyvin pieni mahdollisuus tulla marttyyriksi.

Niiden jotka voivat tulla marttyyreiksi tulee omata muuttumaton sydän Danielin tapaan. Hän piti uskon vanhurskauden, tietäen että hän joutuisi leijonien luolaan. Hän piti uskonsa jopa silloin kun hänet heitettiin leijonien luolaan pahojen ihmisten toimesta. Daniel ei koskaan harhautunut pahuuden tähden sillä hänen sydämensä oli puhdas ja viaton.

Sama koskee Uuden testamentin Stefanusta. Hänet kivitettiin kuoliaaksi hänen saarnatessaan Herran evankeliumia. Myös Stefanus oli pyhittynyt mies joka viattomuudestaan huolimatta pystyi rukoilemaan jopa niiden puolesta jotka kivittivät häntä.

Kuinka paljon Jumala rakastaakaan häntä? Hän tulee ikuisesti kävelemään Herran kanssa taivaassa, ja hänen kauneutensa ja kirkkautensa tulevat olemaan merkittäviä. Joten sinun tulee ymmärtää että kaikista tärkeintä on vanhurskauden ja sydämen pyhittymisen saavuttaminen.

Nykyään vain harvoilla on todellista uskoa. Jopa Jeesus kysyi: *"Kun Ihmisen Poika tulee, löytäneekö hän uskoa maan päältä?"* (Luukas 18:8). Kuinka kallisarvoista Jumalan silmissä olisikaan jos uskosta kiinnipitämällä ja kaikenlaisen pahan poisheittämällä sinusta tulisi pyhittynyt lapsi jopa tässä syntientäyteisessä maailmassa?

Joten minä rukoilen Herran nimessä, että sinä rukoilisit kiihkeästi ja pyhittäisit sydämesi nopeasti, odottaen Isä Jumalan taivaassa antamaa kunniaa ja palkkioita.

# Luku 10

# Uusi Jerusalem

*Ja Pyhän kaupungin, uuden Jerusalemin, minä näin laskeutuvan alas taivaasta Jumalan tyköä, valmistettuna niinkuin morsian, miehellensä kaunistettuna.*

*- Ilmestyskirja 21:2*

Uusi Jerusalem, joka on kaikista taivaan paikoista kaunein ja täynnä Jumalan kirkkautta, pitää sisällään Jumalan Valtaistuimen, Herran ja Pyhän Hengen linnat, sekä talot jotka kuuluvat ihmisille jotka miellyttivät Jumalaa hyvin paljon korkeimman tason uskollaan.

Uuden Jerusalemin taloja valmistetaan tällä hetkellä kauniisti tavalla joka on mieleinen näiden talojen tuleville isännille. Päästäksesi Uuteen Jerusalemiin joka on kristallinkirkas ja kaunis sinun tulee olla Jumalan pyhän sydämen kaltainen sekä täyttää velvollisuutesi täydellisesti Herran Kistuksen tavoin.

Minkälainen paikka Uusi Jerusalem sitten on ja minkälaiset ihmiset saavat mennä sinne?

## Uudessa Jerusalemissa Ihmiset Ovat Kasvotusten Jumalan Kanssa

Uusi Jerusalem, tai Pyhä Kaupunki kuten sitä myös kutsutaan, on yhtä kaunis kuin morsian joka on valmistanut itsensä aviomiestään varten. Siellä asuvat ihmiset saavat kunnian tavata Jumalan kasvotusten sillä täällä sijaitsee Hänen Valtaistuimensa.

Sitä kutsutaan myös "kirkkauden kaupungiksi", sillä sinä saat osaksesi Jumalan kirkkauden ikuisiksi ajoiksi astuessasi Uuteen Jerusalemiin. Sen muuri on jaspis-kivestä, ja itse kaupunki on tehty puhtaasta kullasta joka on niin kirkasta että se on kuin lasia. Jokaisella kaupungin neljällä sivulla – pohjoisessa, etelässä, idässä ja lännessä – on kolme porttia, ja jokaista porttia vartioi enkeli. Kaupungin kaksitoista perustusta on valmistettu kahdestatoista erilaisesta jalokivestä.

### Kaksitoista Uuden Jerusalemin Helmiporttia

Miksi ovat Uuden Jerusalemin kaksitoista porttia sitten valmistettu helmistä? Simpukalta kestää kauan aikaa valmistaa yksi helmi, ja se antaa kaikkensa tämän valmistamiseksi. Samalla tavoin sinun täytyy heittää pois syntisi kamppaillen niitä vastaan aina oman veresi vuodatukseen saakka, ja sinun täytyy olla kuolemaan saakka uskollinen Jumalalle itsekurin ja periksiantamattomuuden avulla. Jumala on valmistanut porttinsa helmistä, sillä sinun täytyy voittaa olosuhteesi iloiten voidaksesi suorittaa Jumalan asettamat velvollisuutesi vaikka sinä olisitkin kapealla tiellä.

Joten kun henkilö joka astuu Uuteen Jerusalemiin käy helmiportista läpi, hän vuodattaa ilon ja riemun kyyneleitä. Hän kiittää ja ylistää Jumalaa sanoinkuvaamattomasti, sillä Hän on johdattanut hänet Uuteen Jerusalemiin.

Miksi Jumala sitten käytti kahtatoista eri jalokivilaatua kahdentoista perustuksen valmistamiseen? Hän teki näin koska kahdentoista jalokiven merkitykset merkitsevät yhdessä Herran ja Isän sydäntä.

Sinun tulee siis ymmärtää jokaisen jalokiven hengellinen merkitys ja saavuttaa sydämessäsi hengellisen tarkoituksen voidaksesi astua Uuteen Jerusalemiin. Minä tulen selittämään nämä merkitykset kirjassa *Taivas II: Täynnä Jumalan Kirkkautta*.

## Uuden Jerusalemin Talot Ovat Täydellisen Sopusuhtaisia ja Erilaisia

Uuden Jerusalemin talot ovat koossaan ja loistossaan kuin linnoja. Jokainen niistä on ainutlaatuinen omistajansa maun mukaan, sopusuhtainen ja erilainen. Lisäksi jalokivistä peräisin olevat erilaiset värit ja valot saavat sinut kokemaan käsittämättömän kauneuden ja kirkkauden.

Ihmiset tunnistavat kenelle mikäkin talo kuuluu pelkästään katsomalla niitä. He näkevät kuinka paljon niiden omistaja on miellyttänyt Jumalaa maassa ollessaan katsomalla kirkkauden valoa ja taloa koristavia jalokivi.

Esimerkiksi talo joka kuuluu henkilölle josta tuli marttyyri tässä maassa on täynnä koristeita ja kirjoituksia omistajan sydämestä ja hänen saavutuksistaan ennen marttyyriuttaan.

Kirjoitukseton kaiverrettu kultaiseen laattaan joka loistaa säihkyen. Se sanoisi seuraavaa "Tämän talon omistajasta tuli marttyyri ja hän täytti Isän tahdon __kuun __nä päivänä vuonna ___."

Ihmiset näkevät omistajan saavutuksista kertovasta kultaisesta laatasta lähtevän loiston jo portille asti, ja kaikki tämän näkevät kumartavat päänsä. Marttyyrius on suuri kunnia ja palkinto, ja se on Jumalalle ylpeys ja ilonlähde.

Taivaassa ei ole pahaa, ja ihmiset kumartavat automaattisesti päänsä toiselle sen mukaan kuinka paljon hän on Jumalan rakastama ja mikä hänen arvonsa on. Samalla tavalla kuin ihmisille annetaan muistolaattoja kiitokseksi ansiokkaasta palveluksesta, Jumalakin antaa jokaiselle laatan juhlistaakseen sitä että he ovat tuottaneet Hänelle kunniaa. Sinä siis huomaat että tuoksut ja valot eroavat näiden laattojen mukaan.

Lisäksi Jumala antaa ihmisten taloihin jotakin minkä avulla he voivat muistella tämän maailman elämäänsä. Tietenkin sinä voit myös katsoa taivaassa tämän maailman menneitä tapahtumia televisionkaltaisen esineen kautta.

## Kultainen Kruunu tai Vanhurskauden Kruunu

Päästessäsi Uuteen Jerusalemiin sinulle annetaan oma henkilökohtainen talo sekä kultainen kruunu, ja vanhurskauden kruunu annetaan sinulle tekojesi mukaisesti. Tämä on kaikista taivaan kruunuista kaunein ja kirkkain.

Jumala itse antaa kultaisen kruunun kaikille jotka astuvat Uuteen Jerusalemiin, ja Jumalan Valtaistuimen ympärillä on 24 vanhinta kultaisine kruunuineen.

*Ja valtaistuimen ympärillä oli kaksikymmentäneljä valtaistuinta, ja niillä valtaistuimilla istui kaksikymmentäneljä vanhinta, puettuina valkeihin vaatteisiin, ja heillä oli päässänsä kultaiset kruunut (Ilm. 4:4).*

"Vanhimmilla" ei tässä viitata maallisten kirkkojen antamiin titteleihin, vaan niihin jotka ovat Jumalan silmissä oikeita ja jotka ovat Jumalan tunnustamia. He ovat pyhittyneitä sekä saavuttaneet sekä sydämiensä temppelin että näkyvän temppelin. "Sydämen temppelin saavuttaminen" tarkoittaa hengen ihmiseksi tulemista kaikenlaisen pahan poisheittämisen kautta. Näkyvän temppelin saavuttaminen tarkoittaa kaikkien velvollisuuksien suorittamista kokonaan tässä maassa.

Luku "kaksikymmentäneljä" viittaa kaikkiin ihmisiin jotka ovat käyneet läpi pelastuksen portista uskon avulla, kuten Israelin kaksitoista heimoa, ja tulleet pyhitetyiksi niinkuin Herra Jeesuksen kaksitoista opetuslasta. Joten "kaksikymmentäneljä vanhinta" viittaa Jumalan lapsiin jotka ovat Jumalan tunnustamia ja jotka ovat uskollisia koko Jumalan talossa.

Joten kullan kaltaisen muuttumattoman uskon omaavat ihmiset tulevat saamaan kultaisen kruunun, ja ne jotka unelmoivat Herran saapumisesta apostoli Paavalin tapaan tulevat saamaan vanhurskauden kruunun.

*Minä olen hyvän kilvoituksen kilvoitellut, juoksun*

191

*päättänyt, uskon säilyttänyt. Tästedes on minulle talletettuna vanhurskauden seppele, jonka Herra, vanhurskauden tuomari, on antava minulle sinä päivänä, eikä ainoastaan minulle, vaan myös kaikille, jotka hänen ilmestymistään rakastavat (2 Timoteus 4:7-8).*

## Heidän Sydämiensä Kaikki Halut Tullaan Täyttämään

Jumala tulee antamaan sinulle Uudessa Jerusalemissa palkkiona kaiken sen mistä sinä tässä maassa haaveilit tai mitä sinä rakastit tehdä mutta minkä annoit pois Herran tähden.

Uuden Jerusalemin talot pitävät sisällään kaiken mitä sinä olet halunnut omistaa, joten sinä voit tehdä kaikkea mitä sinä olet koskaan halunnut tehdä. Joihinkin taloihin kuuluu järviä niin että omistajat voivat mennä veneilemään, ja joihinkin taloihin kuuluu metsiä missä he voivat käydä kävelyllä. Ihmiset voivat myös nauttia keskusteluista rakkaimpiensa kanssa kauniin puutarhan reunalla olevan teepöydän ympärillä. Siellä on taloja joiden ympärillä on ruohon ja kukkien peittämiä niittyjä, joten ihmisen voivat kävellä tai laulaa ylistystä erilaisten lintujen ja kauniiden eläinten kanssa.

Jumala on täten valmistanut taivaaseen kaiken mitä sinä olet ikinä halunnut omistaa tai tehdä unohtamatta yhtäkään asiaa. Kuinka syvästi liikuttunut sinä tuletkaan olemaan nähdessäsi kaikki nämä asiat jotka Jumala on valmistanut sinulle suurella huolella?

Itse asiassa pelkästää Uuteen Jerusalemiin pääseminen on itsessään suuri ilon aihe. Sinä tulet elämään ikuisesti muuttumattomassa onnellisuudessa, kirkkaudessa ja kauneudessa. Sinä tulet olemaan innostunut ja täynnä iloa katsoessasi maahan, taivaalle tai mihin tahansa muualle.

Ihmisillä on mielenrauha, ja he ovat tyytyväisiä ja turvassa pelkästään sen johdosta että he ovat Uudessa Jerusalemissa, sillä Jumala on valmistanut sen Hänen lapsilleen joita Hän todella rakastaa ja jokainen sen nurkkauskin on täynnä Hänen rakkauttaan.

Joten mitä tahansa sinä teetkin, olit sinä sitten kävelemässä, lepäämässäm pelaamassa, syömässä tai puhumassa muiden ihmisten kanssa, sinä tulet olemaan täynnä iloa ja onnea. Puut, kukat, ruoho ja jopa eläimet ovat ihania, ja sinä tulet tuntemaan suuren kirkkauden joka on lähtöisin linnan muureista, koristuksista ja talon eri osista.

Uudessa Jerusalemissa rakkaus Isä Jumalaa kohtaan on kuin lähde, ja sinä tulet olemaan täynnä ikuista onnea, kiitollisuutta ja riemua.

## Jumalan Näkeminen Kasvoista Kasvoihin

Uudessa Jerusalemissa, joka on täynnä kirkkautta, kauneutta ja onnea, sinä voit tavata Jumalan kasvoista kasvoihin ja käydä Herran kanssa, ja sinä voit elää rakkaimpiesi kanssa ikuisesti.

Sinua eivät ihaile pelkästään enkelit ja taivaalliset isännät, vaan myös taivaan ihmiset. Lisäksi sinun henkilökohtaiset enkelisi palvelevat sinua kuin kuningasta, täyttäen kaikki tarpeesi ja halusi täydellisesti. Tahtoessasi lentää taivaalla sinun henkilökohtainen pilviautosi tulee ja pysähtyy aivan jalkojesi juurelle. Heti kun sinä kiipeät pilviautoon sinä voit lentää taivaalla niin paljon kuin haluat tai sitten sinä voit ajaa maan päällä.

Joten jos sinä pääset Uuteen Jerusalemiin sinä voit tavata Jumalan kasvoista kasvoihin, elää rakkaimpiesi kanssa ikuisesti ja kaikki sinun toiveesi täytetään hetkessä. Sinä voit saada kaiken mitä haluat ja tulla kohdelluksi kuin jos sinä olisit satuprinssi tai –prinsessa.

## Osaanotto Uuden Jerusalemin Juhlapitoihin

Uudessa Jerusalemissa on aina juhlapitoja. Joskus Isä isännöi näitä pitoja ja joskus Herra tai Pyhä Henki isännöivät niitä. Sinä voit tuntea taivaallisen elämän ilon näiden juhlapitojen kautta. Pelkästään katsomalla näitä pitoja sinä voit kokea niiden yltäkylläisyyden, vapauden, kauneuden ja riemun.

Ottaessasi osaa Isän pitämiin juhlapitoihin sinä pukeudut parhaimpiin vaatteisiisi ja koristuksiisi, ja sinä syöt ja juot parhaita ruokia ja juomia. Sinä nautit myös kauniista musiikista, ylistyksistä ja tansseista. Sinä voit katsoa kuinka enkelit tanssivat, tai joskus sinä voit itsekin tanssia miellyttääksesi Jumalaa.

Enkelien tanssi on kauniimpaa ja täydellisempää, mutta Jumala on mieltyneempi niiden Hänen lastensa tuoksuun jotka tuntevat Hänen sydämensä ja rakastavat Häntä sydämensä pohjasta.

Ne, jotka palvelivat jumalanpalveluksissa maan päällä tulevat tekemään saman myös näissä pidoissa, tehden niistä siten yhä ihmeellisempiä, kun taas ne jotka ylistivät Jumalaa lauluin, tanssein ja soittaen tulevat myös tekemään saman taivaallisissa juhlapidoissa.

Sinä puet yllesi pehmeän, villaisen ja monikuvioisen asusteen, ihmeellisen kruunun sekä ihmeellisesti loistavat jalokivistä tehdyt koristeet. Lisäksi sinä matkustat pilviautossa tai enkelien saattamassa kultaisessa vaunussa mennessäsi ottamaan osaa juhlapitoihin. Eikö pelkästään tämän kaiken kuvitteleminen saa sinun sydämesi lyömään iloiten ja malttamattomasti?

## Risteilyfestivaali Lasimerellä

Taivaan kauniissa meressä virtaa kirkas ja puhdas vesi joka on kuin tahratonta ja kirkasta kristallia. Sinisen meren vesi säihkyy kirkkaasti ja se aaltoilee pehmeästi. Useat eri kalat uivat vedessä joka on täysin kirkasta, ja kun ihmiset lähestyvät niitä ne toivottavat heidät tervetulleiksi heiluttamalla eviään ja tunnustamalla rakkautensa.

Useanväriset korallit muodostavat myös ryhmiä ja ne heiluvat virran mukana. Aina kun ne huojuvat, ne välkkyvät näissä kauniissa väreissä. Kuinka ihana tämä näky onkaan! Meressä on useita pieniä saaria, ja ne näyttävät ihmeellisiltä. Lisäksi risteilylaivat, kuten "Titanic", purjehtivat ympäriinsä ja myös näillä laivoilla pidetään pitoja.

Näissä laivoissa on kaikenlaisia tiloja kuten mukavia majoitustiloja, keilahalleja, uima-altaita ja juhlasaleja jotta ihmiset voisivat nauttia kaikkea mitä ikinä he ikinä tahtovat tehdä.

Kuvittele kaikkia näitä festivaaleja näillä laivoilla, jotka ovat mahtavampia ja ihmeellisemmin koristeltuja kuin mikään luksusalus tässä maailmassa, ja kuvittele kuinka suuri ilo onkaan osallistua näihin festivaaleihin Herran ja kaikkien rakkaimpiesi kanssa.

195

# Minkälaiset Ihmiset Menevät Uuteen Jerusalemiin?

Ihmiset joiden usko on kullan kaltaista, jotka unelmoivat Herran saapumisesta, ja jotka valmistavat itsensä morsiamina Herran saapumista odottaen tulevat astumaan Uuteen Jerusalemiin. Minkälainen ihminen sinun tulee sitten olla voidaksesi astua Uuteen Jerusalemiin joka on kirkas ja kaunis kuin kristalli ja täynnä Jumalan armoa?

## Ihmiset Joilla On Jumalaa Miellyttävä Usko

Uusi Jerusalem on paikka niille jotka ovat uskon viidennellä tasolla – niille jotka eivät ole pelkästään pyhittäneet sydäntään kokonaan vaan jotka ovat myös olleet uskollisia koko Jumalan talossa.

Jumalaa miellyttävä usko on sellaista johon Jumala on täysin tyytyväinen niin että Hän tahtoo täyttää lastensa toiveet ja pyynnöt ennenkuin he ovat edes pyytäneet mitään.

Miten sinä voit sitten miellyttää Jumalaa? Minä anna sinulle esimerkin. Sanotaan, että isä palaa töistä kotiin ja sanoo kahdelle pojalle olevansa janoinen. Ensimmäinen poika, joka tietää että isä pitää virvoitusjuomasta, tuo tälle lasin Coca-Colaa tai Spritea. Poika myös hieroo isän hartioita vaikkei tämä sitä pyytänytkään.

Toinen poika taas tuo isälleen lasin vettä ja palaa sitten takaisin huoneeseensa. Kumpi näistä kahdesta pojasta miellyttää isäänsä enemmän ymmärtäen isän sydäntä?

Sen sijaan että hän suosisi poikaa joka toi hänelle vain lasin vettä totellakseen isän sanaa, isän täytyy olla tyyytyväisempi poikaan, joka toi isälle lasin hänen lempivirvoitusjuomaansa ja joka antoi hänelle hieronnan vaikkei tämä sitä pyytänytkään.

Samalla tavalla Kolmanteen Kuningaskuntaan ja Uuteen Jerusalemiin menevät ihmiset eroavat toisistaan siinä kuinka paljon he ovat miellyttäneet Isä Jumalan sydäntä ja kuinka uskollisia he ovat olleet Isän tahdolle.

## Koko Hengen Ihmiset Jotka Omaavat Herran Sydämen

Ihmiset joilla on Jumalaa miellyttävä usko täyttävät sydämensä pelkällä totuudella, ja he ovat uskollisia koko Jumalan talossa. Koko Jumalan talossa uskollisena oleminen tarkoittaa sitä että ihminen täyttää velvollisuutensa paremmin kuin mitä häneltä odotetaan. Hän tekee tämän itsensä Kristuksen uskolla, joka noudatti Jumalan tahtoa aina kuolemaansa saakka välittämättä omasta elämästään.

Joten koko Jumalan talossa uskollisena olevat ihmiset eivät tee tekoja oman mielensä ja ajatustensa avulla, vaan ainoastaan Herran sydämellä, hengellisellä sydämellä. Paavali kuvaa Herra Jeesuksen sydämen Filippiläiskirjeessä 2:6-8.

*joka [Jeesus] ei, vaikka hänellä olikin Jumalan muoto, katsonut saaliikseensa olla Jumalan kaltainen, vaan tyhjensi itsensä ja otti orjan muodon, tuli ihmisen kaltaiseksi, ja hänet havaittiin olennaltaan sellaiseksi kuin ihminen; hän nöyryytti itsensä ja oli kuuliainen*

197

*kuolemaan asti, hamaan ristin kuolemaan asti.*

IJumala vuorostaan nosti Hänet ylös, antoi Hänelle nimen kaikkien muiden nimien yläpuolella, istutti Hänen Jumalan Valtaistuimen oikealle puolella kirkkaudessa ja antoi Hänelle vallan "Kuninkaiden Kuninkaana" ja "Herrain Herrana."

Joten sinun täytyy kyetä noudattamaan Jumalan tahtoa ehdoitta Jeesuksen tavoin voidaksesi omata uskon Uuteen Jerusalemiin astuaksesi. Joten Uuteen Jerusalemiin astuvan henkilön täytyy kyetä ymmärtämään jopa Jumalan sydämen syvyyden. Tämänkaltainen henkilö miellyttää Jumalaa, sillä hän on uskollinen seuraamaan Jumalan tahtoa aina kuolemaan saakka.

Jumala jalostaa lapsiaan jotta nämä omaisivat kullan kaltaisen uskon ja siten pystyisivät astumaan Uuteen Jerusalemiin. Kuin kullankaivaja, joka huuhtoo ja siivilöi kauan aikaa kultaa etsiessään, Jumala pitää silmänsä Hänen lapsissaan näiden muuttuessa kauniiksi sieluiksi, ja Hän pesee heidän syntinsä pois sanallaan. Milloin tahansa Hän löytää lapsen jolla on kultainen usko Hän iloitsee kaikesta vaivannäöstä, kivusta ja surusta josta Hän on kärsinyt saavuttaakseen ihmisten kasvatuksen päämäärän.

Uuteen Jerusalemiin astuvat ihmiset ovat Jumalan todellisia lapsia jotka Hän on löytänyt, odottamalla kauan aikaa kunnes nämä ovat vaihtaneet sydämensä Herran sydämeen ja saavuttaneet täyden hengen. Tämän tähden Jumala rohkaisee meitä 1. Tessalonikalaiskirjeessä 5:23: *"Mutta itse rauhan Jumala pyhittäköön teidät kokonansa, ja säilyköön koko teidän*

*henkenne ja sielunne ja ruumiinne nuhteettomana meidän*
*Herramme Jeesuksen Kristuksen tulemukseen."*

## Ihmiset Täyttävät Marttyyriyden Velvollisuuden Iloiten

Marttyyrius tarkoittaa oman elämänsä uhraamista. Täten se vaatii tiukkaa päättäväisyyttä ja omistautuneisuutta. Kunnia ja mukavuus jotka lankeavat henkilölle joka antaa elämänsä saavuttaakseen Jumalan tahdon Jeesuksen tavoin ovat suurempia kuin mitä voimme kuvitella.

Jokainen joka astuu sisään Kolmanteen Kuningaskuntaan tai Uuteen Jerusalemiin omaa tietenkin uskon marttyyriuteen, mutta henkilö joka oikeasti tulee marttyyriksi saa osakseen paljon suuremman kirkkauden ja kunnian. Jos sinä et ole sellaisessa tilanteessa jossa sinä voit tulla marttyyriksi, sinun tulee omata marttyyrin sydän, saavuttaa pyhittyminen ja täyttää velvollisuutesi täysin saadaksesi osaksesi marttyyrin palkkiot.

Jumala paljasti minulle kerran erään kirkkoni saarnaajan kunnian joka tulee hänen osakseen Uudessa Jerusalemissa hänen täytettyä marttyyriuden velvollisuutensa.

Hän tulee itkemään loputtomia kiitollisuuden kyyneleitä katsoessaan taloaan kun hän saavuttaa taivaan täytettyään velvollisuutensa tässä maailmassa. Hänen talonsa portilla on suuri puutarha jossa kasvaa monenlaisia puita ja kukkia ja jossa on monenlaisia muita koristeita. Kultainen tie johtaa portilta päärakennukselle, ja kukat ylistävät omistajansa saavutuksia ja ne lohduttavat häntä tuoksuillaan.

Lisäksi kultasulkaiset linnut loistavat väreissään ja kauniit puut seisovat puutarhassa. Lukemattomat enkelit, kaikki eläimet ja jopa linnut ylistävät marttyyriuden saavutuksia ja ne toivottavat hänet tervetulleiksi. Hänen kävellessään kukista valmistetulla polulla hänen rakkautensa Herraa kohtaan muuttuu kauniiksi tuoksuksi. Hän tunnustaa jatkuvasti kiitollisuuttansa sydämensä pohjasta.

"Herra todella rakasti minua valtavasti ja Hän antoi minulle kallisarvoisen tehtävän! Tämän takia minä voin asua Isän rakkaudessa!"

Monet kallisarvoiset jalokivet koristavat seiniä talon sisäpuolella ja karneolin säihke on verenpunainen ja safiirin säihke on ihmeellinen. Karneoli kertoo että hän on saavuttanut innostuksen elämän antamiseen ja palavan rakkauden apostoli Paavalin tapaan. Safiiri kertoo hänen muuttumattomasta, suorasukaisesta sydämestä ja aina kuolemaan asti ulottuvasta lahjomattomuudesta totuuden kertomiseen. Tämä toimii marttyyriuden muistutuksena.

Muurien ulkopinnalla on itse Jumalan kaivertama kirjoitus. Siihen on kirjattu omistajan vaikeuksien ajat, milloin ja miten hänestä tuli marttyyri, ja minkälaisissa olosuhteissa hän saavutti Jumalan tahdon. Uskon ihmiset ylistävät Jumalaa tai joskus lausuvat Hänestä kunnioittavia sanoja tullessaan marttyyriksi. Tällaiset lauseet on kirjattu tähän muuriin. Kaiverrus säihkyy niin kirkkaasti että sinä olet hyvin vaikuttunut sen johdosta, ja sinä täytyt onnesta kun sinä luet sen ja katsot siitä säihkyvää valoa. Kuinka vaikuttava se onkaan, sillä Jumala, joka on itse valo, on kirjoittanut sen! Joten kaikki jotka vierailevat tässä talossa kumartavat näiden itse Jumalan kirjoittamien kirjoitusten edessä!

Olohuoneen seinillä on useita suuria seinämaalauksia. Nämä maalaukset kuvaavat kuinka hän käyttäytyi sen jälkeen kun hän tapasi Herran ensimmäistä kertaa – kuinka paljon hän rakasti Herraa, ja minkälaisia tekoja hän teki milloinkin ja minkälaisella sydämellä hän nämä teki.

Puutarhan nurkassa on lisäksi monenlaisia urheiluvälineitä jotka on valmistettu ihmeellisistä materiaaleista ja koristeltu tavalla, jota tässä maailmassa ei voida edes kuvitella. Jumala on valmistanut nämä lohduttaakseen omistajaa joka piti urheilusta hyvin paljon mutta luopui siitä saarnauran tähden. Puntteja ei ole tehty mistään tämän maailman tapaisesta metallista tai teräksestä, vaan sen sijaan ne on Jumalan valmistamia ja erityisellä tavalla koristeltuja. Ne ovat kuin jalokiviä jotka loistavat kauniisti. Ihmeellisesti, näiden paino vaihtelee niitä käyttävän henkilön mukaan. Näitä välineitä ei käytetä kunnon nostamiseen tai kunnossa pysymiseen, vaan sen sijaan niitä säilytetään ikäänkuin matkamuistoina ja lohdun lähteenä.

Miltä omistajasta tuntuisi hänen katsoessaan mitä kaikkea Jumala on häntä varten valmistanut? Hänen täytyi luopui mielihaluistaan Herran tähden, mutta nyt hänen sydämensä on lohdutettu ja hän on kiitollinen Isä Jumalan rakkaudesta.

Hän ei voi lopettaa Jumalan kiittämistä ja ylistämistä kyynelin, sillä Jumalan herkkä ja välittävät sydän on valmistanut kaiken mitä hän on koskaan halunnut, unohtamatta pienintäkään tämän sydämessä asuvaa halua.

## Ihmiset Ovat Kokonaan Yhdessä Herran ja Jumalan Kanssa

NJumala näytti minulle että Uudessa Jerusalemissa on talo joka on yhtä iso kuin suuri kaupunki. Se oli niin suuri että minä en voinut olla hämmästymättä sen koon, kauneuden ja loiston tähden.

Tässä erittäin suuressa talossa on kaksitoista porttia – kolme porttia pohjoisessa, etelässä, idässä ja lännessä. Keskellä on suuri kolmikerroksinen linna joka on koristeltu puhtaalla kullalla ja kaikenlaisilla arvokkailla jalokivillä.

Ensimmäisessä kerroksessa on sekä sali, joka on niin suuri ettet sinä pysty näkemään sem päästä päähän, että useita olohuoneita. Niitä käytetään pitoihin tai kokoushuoneina. Toisessa kerroksessa on huoneita joissa pidetään ja huolletaan kruunuja, vaatteita ja matkamuistoja, ja siellä on tiloja profeettojen vastaanottamiseen. Kolmas kerros on yksinomaan Herran tapaamista ja Hänen rakkauden jakamista varten.

Linnan ympärillä on kauniisti tuoksuvien kukkien peittämiä muureja. Elävän Veden Virta virtaa rauhallisesti linnan ympäri ja sen ylitse johtaa kaarevia, sateenkaaren värisiä pilvisiltoja.

Monenlaiset kukat, puut ja heinät muodostavat täydellisen kauneuden puutarhassa. Toisella puolella jokea on suuri metsä joka on mielikuvitustakin ihmeellisempi.

Siellä on myös suuri huvipuisto jossa on useita laitteita, kuten kristallijuna, kullasta tehty Viikinki-keinu ja muita jalokivin koristeltuja tiloja. Käynnissä ollessaan nämä laitteet loistavat iloisissa väreissä. Huvipuiston vieressä on leveä kukkatie, ja tämän kukkatien toisella puolen on tämän maailman trooppisten tasankojen kaltainen tasanko jossa eläimet leikkivät ja lepäävät rauhassa.

Näiden lisäksi siellä on useita taloja ja rakennuksia jotka on koristeltu monenlaisilla jalokivillä joista säihkyy kauniita ja salaperäisiä valoja niitä ympäröiville alueille. Puutarhan vieressä on myös vesiputous, ja kukkulan takana on meri jossa "Titanicin" kaltaiset risteilyalukset purjehtivat. Kaikki tämä kuuluu yhteen taloon, joten sinä voit kuvitella kuinka suuri ja mahtava tämä talo onkaan.

Tämä kaupungin kokoinen talo on turistikohde taivaassa, ja se vetää puoleensa ihmisiä sekä Uudesta Jerusalemista että muualta taivaasta. Ihmiset nauttivat olostaan ja jakavat Jumalan rakkauden. Lisäksi lukemattomat enkelit palvelevat sen omistajaa, pitävät huolen sen rakennuksista ja tiloista, saattavat pilviautoja sekä ylistävät Jumalaa tanssimalla ja soittamalla musiikkia. Kaikki on valmistettu täydellistä onnea ja mukavuutta silmällä pitäen.

Jumala on valmistanut tämän talon sillä sen omistaja on selviytynyt kaikenlaisista kokeista ja koettelemuksista uskon, toivon ja rakkauden avulla, ja hän johtanut useita ihmisiä pelastuksen tielle elämän sanan ja Jumalan voiman avulla, rakastaen ensin Jumalaa enemmän kuin mitään muuta.

Rakkauden Jumala muistaa kaiken vaivannäkösi ja kyyneleesi ja Hän palkitsee sinut sen mukaan mitä sinä olet tehnyt. Hän myös tahtoo että kaikki yhdistyisivät Häneen ja Herraan elämänantavan rakkauden kautta, ja että kaikista tulisi hengellisiä työläisiä jotka johdattavat lukemattomia ihmisiä pelastuksen tielle.

Ne jotka omaavat Jumalaa miellyttävän uskon voivat yhdistyä Jumalan ja Herran kanssa heidän elämääantavan rakkautensa kautta, sillä he eivät ole vain Herran sydämen kaltaisia ja saavuta koko henkeä, vaan he myös antavat elämänsä tullakseen marttyyreiksi. Nämä ihmiset rakastavat Jumalaa ja Herraa vilpittömästi. Vaikka taivasta ei olisi edes olemassa, nämä ihmiset eivät katuisi tai tuntisi menettäneensä mitään mitä he olisivat voineet tehdä tai mistä he olisivat voineet nauttia tämän maan päällä. He tuntevat sydämissään onnea ja riemua eläessäään Jumalan sanan mukaan ja työskennellessään Herralle.

Todellisen uskon omaavat ihmiset tietenkin toivovat saavansa Herran antamia palkkioita taivaassa niinkuin Heprealaiskirje 11:6 lupaa: *"Mutta ilman uskoa on mahdotonta olla otollinen: sillä sen, joka Jumalan tykö tulee, täytyy uskoa, että Jumala on ja että hän palkitsee ne, jotka häntä etsivät."*

Heille ei ole kuitenkaan mitään väliä siitä onko taivas olemassa vai ei, tai onko siellä palkkioita vai ei, sillä heille on olemassa jotakin vieläkin arvokkaampaa. He ovat kaikista onnellisempia jos he saavat kohdata Isä Jumalan ja Herran joita he vilpittömästi rakastavat. Joten se, että he eivät pysty kohtaamaan Isä Jumalaa ja Herraa, on heille suurempi onnettomuus kuin se jos he eivät saa palkkioita tai eivät voi elää taivaassa.

Jotkut ihmiset osoittavat kuolemattoman rakkautensa Jumalaa ja Herraa kohtaan antamalla oman elämänsä heille, ja he tekisivät tämän vaikkei onnellista taivaallista elämää olisi edes olemassa. Nämä ihmiset tulevat yhdistymään Isän ja heidän ylkänsä Herran kanssa elämää antavan rakkautensa kautta.

Kuinka suuria Herran heille valmistamat palkkiot ja kirkkaus tulevatkaan olemaan!

Apostoli Paavali, joka unelmoi Herran ilmestymisestä, ponnisteli Herran töiden eteen ja johdatti lukemattomia ihmisiä pelastukseen tunnusti seuraavasti:

> *Sillä minä olen varma siitä, ettei kuolema eikä elämä, ei enkelit eikä henkivallat, ei nykyiset eikä tulevaiset, ei voimat, ei korkeus eikä syvyys, eikä mikään muu luotu voi meitä erottaa jumalan rakkaudesta, joka on Kristuksessa Jeesuksessa, meidän Herrassamme (Roomalaiskirje 8:38-39).*

Uusi Jerusalem on paikka Jumalan lapsille jotka ovat yhdistyneet Isä Jumalan kanssa tämänkaltaisen rakkauden kautta. Uutta Jerusalemia, joka on kirkas ja kaunis kuin kristalli, ja missä on oleva käsittämätöntä, ylitsevuotavaa onnea ja iloa, valmistellaan tälläkin hetkellä.

Rakkauden Isä Jumala tahtoo että kaikki tulevat sekä pelastetuksi ja että lisäksi he olisivat Hänen pyhyytensä ja täydellisyytensä kaltaisia niin että he voisivat astua Uuteen Jerusalemiin.

Joten minä rukoilen Herran nimessä, että sinä ymmärtäisit pian että Herra, joka meni taivaaseen valmistamaan sinulle huonetta, tulee pian takaisin, ja että sinä saavuttaisit täyden hengen ja pitäisit itsesi tahrattomana niin että sinusta tulee kaunis morsian joka voi tunnustaa, *"Tule pian, Herra Jeesus."*

Kirjailija
# Dr Jaerock Lee

Dr. Jaerock Lee syntyi Muan'issa Jeonnam provinssissa, Korean Tasavallassa vuonna 1943. Kaksikymmenvuotiskautenaan Dr. Lee kärsi useista parantumattomista sairauksista seitsemän vuotta ja odotti kuolemaa ilman toivoa paranemisesta. Kuitenkin, eräänä kevätpäivänä 1974, hänen sisarensa vei hänet kirkkoon. Hänen polvistuessaan rukoilemaan elävä Jumala välittömästi paransi hänet kaikista hänen sairauksistaan.

Siitä hetkestä alkaen, jolloin Dr. Lee kohtasi elävän Jumalan tuon ihmeellisen kokemuksen kautta, hän on rakastanut Jumalaa koko sydämellään ja rehellisyydellään ja kutsuttiin vuonna 1978 Jumalan palvelijaksi. Hän rukoili kiihkeästi oppiakseen ymmärtämään Jumalan tahtoa ja saavutti sen täysin, sekä noudatti Jumalan kaikkia sanoja. Vuonna 1982 hän perusti Manmin kirkon Seoul'iin ja lukemattomia Herran töitä, mukaanlukien ihmeparantumisia ja ihmeitä, on tapahtunut hänen kirkossaan.

Vuonna 1986 Dr. Lee vihittiin papiksi Jeesuksen Sungkyal kirkon vuosikokouksessa Koreassa ja neljä vuotta myöhemmin hänen saarnojansa alettiin lähettää Australiaan, USAhan, Venäjälle, Filippiineille, ja muualle Far East Broadcasting Company'n, Asia Broadcast Station'in ja Washington Christian Radio System'in kautta.

Kolme vuotta myöhemmin 1993 Manmin Central Church valittiin yhdeksi "Maailman 50 parhaaksi kirkoksi" Christian World lehden (Amerikka) toimesta ja hän vastaanotti jumaluusopin kunniatohtorin arvon Christian Faith College'sta, Florida'ssa, USA'ssa, ja vuonna 1996 tohtorinarvon pappeudessa Kingsway Theological Seminary'sta, Iowa'ssa, USA'ssa.

Vuodesta 1993 Dr. Lee on johtanut maailmanlähetystä monilla ulkomaan ristiretkillä, Tansaniassa, Argentiinassa, Ugandassa, Japanissa, Pakistanissa, Keniassa, Filippiineillä, Hondurasissa, Intiassa, Venäjällä, Saksassa, Perussa, Kongon Demokraattisesa Tasavallassa, ja New Yorkissa Amerikassa. Vuonna 2002 hänet nimitettiin "maailmanlaajuiseksi pastoriksi" Korean johtavien kristillisten lehtien toimesta hänen ulkomaisilla ristiretkillä tekemänsä työn johdosta.

Elokuu 2014 Manmin Central Church seurakunnassa oli yli 120.000 jäsentä ja 10.000 kotimaista ja ulkomaista sivukirkkoa ympäri maapalloa. Kirkko on tähän mennessä lähettänyt yli 123 lähettilästä 23 maahan, mukaanlukien Yhdysvallat, Venäjä, Saksa, Kanada, Japani, Kiina, Ranska, Intia, Kenia, ja monta muuta maata.

Tähän päivään mennessä Dr. Lee on kirjoittanut 93 kirjaa, mukaan lukien bestsellerit *Ikuisen Elämän Maistaminen Ennen Kuolemaa, Minun Elämäni, Minun Uskoni I & II, Ristin Sanoma, Uskon Mitta, Henki Sielu ja Ruumis, Taivas I & II, Helvetti* sekä Jumalan Voima. Hänen teoksiaan on käännetty yli 76 kielelle.

Dr. Lee on nykyisin perustaja ja presidentti lukuisissa lähetysorganisaatioissa ja yhdistyksissä. Hän on puheenjohtaja, The United Holiness Church of Jesus Christ; presidentti, Manmin World Mission; perustaja & johtokunnan puheenjohtaja, Global Christian Network (GCN); perustaja & johtokunnan puheenjohtaja, The World Christian Doctors Network (WCDN); ja perustaja & johtokunnan puheenjohtaja, Manmin International Seminary (MIS).

### Taivas II: Täynnä Jumalan Kirkkautta

Kutsuu sinut uuden Jerusalemin pyhään kaupunkiin, jonka kaksitoista porttia ovat tehdyt kimaltelevista helmistä, ja joka on keskellä laajaa taivasta kimaltaen loistokkaasti kuin hyvin arvokkaat jalokivet.

### Ristin Sanoma

Voimallinen herätysviesti kaikille niille jotka ovat hengellisesti nukuksissa. Tästä kirjasta sinä löydät Jumalan todellisen rakkauden ja syyn siihen että Jeesus on Pelastaja.

### Minun Elämäni, Minun Uskoni I & II

Dr. Jaerock Leen omaelämäkerta, joka välittää lukijoilleen kauniin hengellisen aromin. Leen elämän on perustunut Jumalan rakkauteen hänen kerran koettua pimeyden tummat aaallot, sen kylmän ikeen ja syvimmän epätoivon.

### Helvetti

Vilpitön viesti koko ihmiskunnalle Jumalalta, joka ei tahdo yhdenkään sielun joutuvan helvetin syvyyksiin! Sinä löydät koskaan aikaisemmin paljastamattoman kuvauksen Helvetin julmasta todellisuudesta.

### Uskon Mitta

Minkälainen asuinsija sinulle on valmistettu taivaaseen ja minkälaiset palkkiot odottavat sinua siellä? Tämä kirja antaa sinulle viisautta ja ohjeistusta jotta sinä voisit mitata uskosi määrän ja kasvattaa uskostasi syvemmän ja kypsemmän.

www.ingramcontent.com/pod-product-compliance
Lightning Source LLC
Chambersburg PA
CBHW020234130626

46549CB00005B/1878